Zeugnisse und Dokumente

Grete Wiesenthal (1886–1970)

LIEBENDES GEDENKEN AN GRETE WIESENTHAL

Von Felix Braun

Um die Jahrhundertwende war es der innere Auftrag der Künstler Österreichs, das Schöne in der Welt zu mehren. Gustav Mahler, Gustav Klimt, Hugo von Hofmannsthal haben dieses Verlangen erfüllt, und in der Kunst des Tanzes hat es Grete Wiesenthal, zunächst mit der Hilfe ihrer Schwestern, dann allein aus ihrem Wesen erreicht. Das Einmalige, das wahrhaft Wunderbare ihrer Gestalt und ihrer dichterischen Phantasie ist ohne Nachfolge geblieben. Nun, da sie uns entschwunden ist, wird den um sie Trauernden anders bewußt, was wir ihrer lieblichen, seelenhaften Erscheinung zu danken haben.

Wien ist nicht mehr, was es war, ohne sie. Noch haben wir den Stephansdom, den Josephsplatz, die Karlskirche, Schönbrunn, Reste von Grinzing und Sievering – durch wen aber tönen sie heute? In einer Zeit, in der das Geheimnis der Anmut, wie wohl alle Geheimnisse, gefährdet wird, kann schwerlich nachgefühlt werden, wie Grete Wiesenthal ein Impromptu von Schubert, einen Walzer von Lanner, einen Krakowiak, oder die schon eine Vorwegnahme ihrer späteren Choreographien bekundende, von Claudius und Schubert geschaffene Poesie ›Der Tod und das Mädchen‹ tanzend, schwebend verwandelt hat. Denn obwohl sie ein Anfang war – die junge Ballettschülerin der Hofoper erbat, weil sie dem Ballett nicht mehr dienen mochte, von ihrem Direktor Gustav Mahler ihre Entlassung, die ihr der sie sogleich Erkennende gewährte –, bedeutete sie auch ein Ende. Von Gluck über Haydn, Mozart, Schubert, Johann Strauss reicht die Deszendenz der Musik Österreichs bis zu dem Lächeln, mit dem Grete Wiesenthal, noch in der Tanzbewegung, für den Beifall dankte, unwissend, daß in ihrem Lächeln diese Musik verging. Das war das beseligend Ergreifende am Ausgang eines jeden Tanzabends. Es mag sich dem Dank vergleichen, mit dem Eleonora Duse den Applaus des Publikums annahm; nur war das Lächeln der Tragödin ein schmerzliches, das der Tänzerin hingegen, ob auch vielleicht nicht minder schmerzlich, das reine der Heiterkeit.

Dennoch war Grete Wiesenthal mehr als die beglückende Verwirklicherin von Tanzdichtungen. Wenige wissen, daß sie eine Dichterin war. Das kleine Buch der Darstellung ihrer Anfänge, ›Die ersten Schritte‹, leider immer noch vergriffen, hat viele Leser entzückt. Manche Kapitel des seltsamen Romans ›Iffi‹ werden nicht vergessen werden, und wie schön geschrieben sind ihre Erinnerungen an Hofmannsthal, mit dem sie befreundet war und der Tanzszenen und Pantomimen für sie erdichtet hat! Ihr Gespräch ging nie aus ohne die Zündung eines Einfalls, den sie nicht selten mit überraschend neugefundenen Worten darbot.

Als sie infolge der Jahre zu dem Entschluß kam, den geliebten Tanz aufzugeben – noch nahe den 50 sprang sie höher als ihre jüngsten Schülerinnen –, ersann sie Tanzdichtungen wie den berühmt gewordenen ›Taugenichts in Wien‹, zu dem Franz Salmhofer die Musik geschrieben hat, und was sie an der Akademie für Musik und darstellende Kunst lehrte oder in Tanzschauspiele verwandelte, wurde immer Dichtung. Ist es nicht symbolisch, daß ihre letzte Choreographie vor der Fassade des Schlosses Schönbrunn gespielt wurde?

Alles, was sie schuf, auch jede Antwort im Gespräch, war gültig. So gerne und so schön lachte sie! Konnte jemand so zuhören wie sie? Wie liebte sie die Musiker und die Dichter, zuhöchst Goethe! Noch erinnere ich mich, wie ich als Student sie in Weigls Dreherpark in der Hauptrolle der Pantomime des jungen Max Mell ›Die Tänzerin und die Marionette‹ sehen durfte. Und wie spielte sie Raimunds ›Gefesselte Phantasie‹ in einem kleinen Theater, nein, wie *war* sie diese gefesselte Phantasie selbst! Ich durfte Stellen aus einem erhöhten Tagebuch, das sie ›Hieronymus im Gehäus‹ nannte, von ihr zum Lesen bekommen. Wer war der Freundschaft so fähig wie sie? Wie vielen hat sie geholfen, so Franz Theodor Csokor, der sie am Tag vor seiner Flucht nach Polen durch Zufall im Belvederepark traf und dem sie, fühlend, daß er ohne genügende Mittel in das fremde Land reiste, sogleich einen großen Betrag einhändigte. Und wie hat sie mich von einer Gefahr, die ich selbst nicht ahnte, bewahrt! Im Sommer 1938 war ich als Gast von Gräfin Sofia Schönborn in Arosa. Aber die Sorge um meine Mutter und Schwester in Wien ließ mich des Friedens in der Schweiz nicht genießen. Ich schrieb meiner Schwester, daß ich heimkehren wolle und daß sie mir ein Unterkommen irgendwo beschaffen möge. Eines Nachmittags meldete mir das Stubenmädchen des Hotels den Besuch einer Dame. Wer ermißt mein Erstaunen, als ich in dieser Dame Grete Wiesenthal erkannte, die von Wien aus eigens deshalb nach Arosa gereist war, um mich von meinem törichten Vorhaben abzuhalten? Vielleicht ist mir nie ein größerer Freundschaftsdienst erwiesen worden.

Es war sie, die Richard Billingers Dichtertum entdeckte und den damals noch unbekannten Hofmannsthal empfahl. Ja, wäre Hofmannsthals Dichtung ohne ihre beglückende Gegenwart die nämliche geworden, die wir lieben und verehren? Er verdankte diese Freundschaft Max Mell, der ihm von ihren Tanzabenden erzählt hatte.

Und ihr eigenes Leben fiel ihr gar nicht so leicht, wie es scheinen mochte. Schwermütig blickte ihr tiefes, schönes Auge schon auch: allein das ist ja das Österreichische, das die Trauer niemals ohne den Trost der Heiterkeit andauern läßt. »Winterschmetterling« nannte sie Reinhold Schneider in seinem letzten Buch ›Winter in Wien‹.

Wir wußten um ihr Alter, sie verbarg es nicht; gleichwohl dünkte es mich zuweilen, wenn ich ihr gegenübersaß, daß dieses schön gebliebene Antlitz vielleicht das eines jungen Mädchens sei. Und bestätigte ihre Stimme dieses Gefühl nicht auch? Könnte der kundigste Schriftsteller solches Wesen und Gehaben in den Worten der Umgangsrede schildern?

Ihre Gestalt hatte es leicht, ihr schwebendes Tanzen zauberhaft vergehen zu lassen. Alles an ihr war schwerelos; aber selbst ihr Antlitz nicht so sehr wie ihre Hände, die so schmal waren, daß man sie bei dem hingehauchten Kuß des Willkommens oder des Abschieds kaum empfand. Dennoch lebte in ihrer Zartheit auch eine heimliche Kraft, die sich bei einer Erzürnung, einem Widerspruch nicht selten mit einem heftigen, ja, derben Wort äußern konnte, freilich ohne den getadelten Freund wirklich zu verletzen. Ich möchte sogar behaupten, daß nichts an ihr entzückender war als ein solcher Ausbruch, über den sie selbst alsbald lächelte. Wer etwa ein Wort gegen Goethe wagte, dem mochte schon eine Zurechtweisung im Wiener Dialekt widerfahren. Und dann stellte ein Griff nach dem Weinglas die so reizend unterbrochene Harmonie gleich wieder her.

Was war schöner, als abends, zu Gast geladen, bei ihr einzutreten? Was kostete mehr Überwindung als, weil es spät war, fortzugehen, da sie ja doch ruhen mußte? Und unsere Gespräche – nie stockten sie. Zu ihr durfte auch der sich vor anderen Verschweigende von sich selbst sprechen, um einen Rat zu erbitten oder ihre Zustimmung zu empfangen. Als meine Schwester nicht mehr mit mir lebte, habe ich lange kaum einem Freund etwas von mir Gedichtetes vorzulesen vermocht. Aber wie ermutigend war es, ihr von der eigenen Arbeit zu erzählen! Sie war es, die mich geradezu drängte, eine meiner letzten Geschichten, die vom heiligen Joseph, anzufangen und fertig zu schreiben.

Wäre die endgültige Trennung von der eigenen Kunst vorstellbar? Nach ihrem 80. Geburtstag wurde in ihrer schönen Wohnung in dem langen, für den Tanz erbauten, von Bildern Faistauers, Müller-Hofmanns, Erwin Langs, auch ihres geliebten Vaters geschmückten Saal, eine Fernsehaufnahme veranstaltet, bei der die befreundeten Dichter, Max Mell, das Ehepaar Imma und Wilhelm von Bodmershof, Csokor und ich anwesend waren. In einem Lehnstuhl sitzend, gekleidet fast noch wie in den Zeiten der Wiener Werkstätte, sprach sie unbefangen über sich selbst. Auf einmal öffnete sich eine Türe, und herein kamen ihr einstiger Tanzpartner Birkmeyer, rechts und links von je einem jungen Mädchen begleitet. Da erhob sie sich, jung aussehend wie damals, ging den Herankommenden entgegen,

323

ergriff Birkmeyers Hand und drehte sich mit ihm für vielleicht drei Minuten genau so, wie sie es, unnachahmlich, in jener fernen Frühzeit gehalten hatte. So waren für sie und für uns Zusehende die Jahrzehnte nicht mehr vergangen.

Am Ende eines unserer Abende, da sie mich in das Vorzimmer begleitete, sprachen wir heiter darüber, was wir wohl in einem künftigen Leben wieder sein wollten. Ich gestand, daß ich nur ein Dichter sein möchte, »Und du?« fragte ich sie, »Was wäre dir wichtiger als der Tanz?« – »Ja«, pflichtete sie mir bei, mir in ihrer unbeschreiblichen Weise zulächelnd, zögerte einen Augenblick und setzte dann mit einem dankbaren Rückblick in ihr vergangenes Leben hinzu: »Und die Liebe«. –

Es sind wohl über vierzig Jahre her, daß es mich, nach einem der festlichsten ihrer Tanzabende, überkam, das Bezaubernde ihrer Natur in Versen ahnen zu lassen. Wie auch könnte dem Musischen anders gedankt werden als durch das Gedicht? Darum sei es mir nicht verwehrt, als letzte Huldigung für die Entschlafene dieses frühe Gedicht an die kaum zureichenden Worte, mit denen ich sie vergeblich zurückzurufen versuchte, anzuschließen.

DIE TÄNZERIN

O – schön, zu sehen, wie mit leichtem Schritt
Die Anmut sich von grünem Abhang schwingt,
Die Ebene betritt,
Durch die der Strom die graue Welle bringt.
Hold nacherklingt
Durch herber Glieder Spiel der Hügel Zug,
Den sie herab ins weite Flachland trug
Im Flatterkleid, im offenen Haar.
Und ihr im Lächeln blinkt
Das späte Licht durch Buchenzweigicht wunderbar.

Denn wo sie wandelt, da ist März; es klafft
Der Boden, den sie tritt, in Schollen braun,
Und heiter, wolkenhaft,
Hängt grüner Schein an Weiden und am Zaun,
Kommst du, zu schaun,
Ob's blüht? und beugst dich zu dem Blättergrund
Und suchst? und brichst den blauen Blumenfund?
Und schlingst ihn, lächelnd, dir zum Kranz? –

Und, ersten Flugs, im lau'n
Lufthauch Zitronenfalter lehren dich den Tanz.

Laß mich, an diesen Ahorn angelehnt,
Zusehen, wie die selige Figur
(So sehr aus dir ersehnt!)
Der Gott durch dich schreibt in die goldne Flur;
Wie deine Spur
Verweht im Blühenden; wie im Getön
Der Vögel, Immen, Hummeln, du – oh schön! –
Dir selbst entschwindest, Ring um Ring
Zurück in die Natur,
Bis dich in sich der Urgrund zieht, der dich empfing.

HUGO VON HOFMANNSTHAL

AN GRETE WIESENTHAL

am Semmering, abends, am 12 ^{ten} ⟨XII. 1910⟩

Gretl, nirgend und überall ist Gegenwart, die Geheimnisse
sind offenbar, die Thaten dunkel, aber rein, weil sie
nur sich selber wollen und in sich selber beschlossen sind.
Die Worte verwirren und gehen von einem Ding zum andern
hinüber; sie sind gefährlich, weil sie ohne Selbst sind
und aus sich herausschweifen.

Die Ferne reinigt und trägt herbei; die Nähe bindet und
trennt. Der Augenblick legt es auf Verwirrung an,
aber die Blumen, die Gedichte, die Berührungen, die Blicke gehen
durch ihn hindurch und leben ohne Tod, wie Götter.

Das Bild an der Wand konnte ich nicht lesen, aber wenn ich
in mich schaue, finde ich die Farbe Ihrer Stimme, die sprechende
Miene Ihrer Hand, und ein bezauberndes Lächeln Erwins,

das nichts davon wußte, von irgend einem Auge wahrgenommen
zu werden.

Musik wird herbeikommen, die Gestalten werden leben ..
und die Tänzerin wird die Herzen anrühren.

Diese Zeilen wird niemand sehen; was gut und schön
ist, weiß nichts von sich selbst.

H.

*Der erste Druck dieses Textes erfolgte – zusammen mit anderen Briefen Hofmanns-
thals an G. W. und Erwin Lang – in: ›AGATHON‹ Almanach auf das Jahr 47 des
zwanzigsten Jahrhunderts, hrsg. von L. W. Rochowanski, Agathonverlag Wien,
S. 301 f. – Das nebenstehend leicht verkleinert wiedergegebene Original des Briefes
vom 12. XII. 1910 verdanken wir der Freundlichkeit von Dr. Rudolf Hirsch.*

M. St.

DAS GESPRÄCH ZWISCHEN HOFMANNSTHAL

UND HELENE VON NOSTITZ

Zu zwei neuaufgefundenen Schriftstücken

Von Oswalt von Nostitz

In seinem Briefwechsel mit Helene von Nostitz[1] erörtert Hofmannsthal an zwei Stellen die eigenartige Beziehung, die ihn mit seiner Partnerin verbindet. Vor allem fällt ihm ein besonderes Phänomen auf: Er ertappt sich dabei, wie er sich mit der Abwesenden unterhält, ohne ihrer physischen Präsenz oder auch nur der brieflichen Kommunikation zu bedürfen. So heißt es in dem Briefe vom 2. April 1907, in dem er zunächst sein langes Schweigen zu entschuldigen sucht, es sei doch recht sonderbar,

> daß ich Ihnen wirklich diese drei langen Monate nicht geschrieben habe, und habe doch in dieser Zeit gewiß zweihundert oder mehr Briefe geschrieben, an alle möglichen Menschen und Nicht-menschen – und habe doch vielleicht an niemanden (vielleicht Harry ausgenommen) so oft gedacht, mit niemanden so oft gesprochen, innerlich meine ich und über so vielerlei Dinge. Oder sind es vielleicht nicht vielerlei Dinge sondern Dinge von einerlei Art, über die ich – wenn ich allein bin – gerade mit Ihnen spreche? Nein, es sind doch vielerlei Dinge – Dinge die an andere Menschen anknüpfen, an Begegnungen, an Bücher, an Gedanken – aber alle nach einer Seite gesehen, alle nach einer Richtung gleichsam ihr Gesicht wendend, wie manchmal alle Blumen eines Beetes ihre Gesichter nach einer Seite kehren.

Sechs Wochen später, in dem Briefe vom 15. Mai 1907, wird die gleiche Empfindung nochmals analysiert und zunächst als quälend empfunden:

> Sie wissen nicht, Sie können nicht wissen, wie mich dieses Nichtschreiben durch die trübe finstere Zeit, die vorher war, gequält hat, diese sinnlose Unfähigkeit, an Sie zu schreiben. Ce sont les silences et non pas les distances qui séparent sagt die Lespinasse (oder sagt es ihr Freund Guibert?) – aber hier war es umgekehrt, ich fühlte wie Sie durch dieses Schweigen entfremdet werden mußten und ich zugleich war nicht weiter von Ihnen weg, im Gegenteil, ich sprach oft und lebhaft mit Ihnen und jetzt wo ich Sie zum ersten Mal wieder antworten höre, kommt mir Ihr Ton wieder fremder vor, ich sehe Sie wie weiter weg, wie durch ein verkehrtes Opernglas.

Sodann aber schließt sich ein Bekenntnis an, welches die Notwendigkeit des Vorgangs betont und ihn damit ins Positive wendet:

aber ich freue mich so sehr, daß Sie existieren, und in einem gewissen Sinn, den Sie niemals zu ergründen brauchen und der Sie niemals bekümmern kann, *brauche* ich Sie sehr notwendig für mein Leben, für das Leben meiner Phantasie oder meiner Gedanken, und dies Sie-brauchen ist der einzige Unterschied zwischen meinem Gefühl für Sie und der sehr lebhaften Sympathie, die ich für Ihren Mann empfinde...

Helene von Nostitz spielte somit für Hofmannsthal in jenen Jahren gewissermaßen eine Doppelrolle: als freundschaftlich-teilnehmende Partnerin im wirklichen Leben und als Gestalt seiner Phantasie. Das Gespräch, das er mit der imaginären »Helene« führt und als echtes Bedürfnis empfindet – »dies Sie-brauchen« – wird selbstverständlich von der Realität angeregt und befruchtet, aber da es in einen kreativen Prozeß einbezogen ist, geht es seine eigenen Wege, die sich von einer bloßen Kopie des wirklichen Bildes entfernen, ja dieses mitunter als »fremder« erscheinen lassen.

Der Vorgang ist geheimnisvoll, und Hofmannsthal hat selbst wenig getan, um ihn zu erhellen; nachdem er etwas aus sich herausgeht, scheut er sogleich zurück, spricht von dem »Sinn, den Sie niemals zu ergründen brauchen« und bricht schließlich ab: »Aber genug, oder viel zu viel von meinen Gefühlen! Verzeihen Sie ..« Daß jedoch der angedeutete Prozeß tatsächlich Auswirkungen auf Hofmannsthals Gedankenwelt und Produktion gehabt hat, – dafür gab es schon immer Anhaltspunkte; in verschiedener Weise werden sie nunmehr zur Gewißheit durch zwei kürzlich aufgefundene Schriftstücke, die nachstehend erstmals wiedergegeben und erläutert werden sollen.

—

Das erste ist ein Brief, den Helene von Nostitz im Jahre 1906 an ihren Mann richtete, während er auf Reisen war: Als junger Regierungsrat begleitete er damals den sächsischen König auf einer Fahrt nach Portugal und hatte seiner Frau, vermutlich in der Eisenbahn, einen »Wackelbrief« geschrieben, wofür sie sich in ihrer Antwort – die Bemerkung »auch sehr fein« weist darauf hin – mit ein paar Tintenflecken revanchierte. Abgesehen von einer kurzen Mitteilung über das »Baby« – die erste, schon 1910 verstorbene Tochter – und einer Erwähnung Wedekinds, offenbar eine Anspielung auf die bevorstehende Berliner Premiere von »Frühlings Erwachen« in Max Reinhardts Deutschem Theater, befaßt sich der ganze Brief mit dem Besuch Hofmannsthals am Vortage – Sonntag, dem 28. Oktober 1906 – im Dresdener Haus des jungen Ehepaares.

Hier zunächst der Wortlaut:

My darling one,

Einen Kuss und viele für Deinen lieben Wackelbrief – (auch sehr fein) Der Abend gestern mit Hofmannsthal 5 – 10 1/2 war wirklich sehr genußreich. Ich habe ihm Beethoven vorgespielt. Er sagte es wäre sehr schön gewesen und ich fühlte es auch. Wie wir aber in Deine Zimmer gingen wurde ich traurig u. sagte die müßtest *Du* beleben das wäre *Dein* Werk. Er stand aber lange begeistert vor dem Signac den ich doch auch jetzt immer schöner finde.

Ich fühle doch, daß ich mit solch einem Menschen viel wirklicher sprechen kann seit ich mehr wirklich gelebt habe.

Denk Dir, zuerst war zu unserer Verzweiflung der W[...] aus Weimar da, der mich damals bei Frau Förster N. so gelangweilt hatte er bleibt bis Weihnachten. Hofmannsthal verlangte nach dieser Conversation 1/4 Stunde allein mit Wizzy und ich ging zum Baby where he joined me afterwards! Er erzählte mir nachher sehr packend über den Mann der das Gespräch über die Formen geschrieben [,] mehr mündlich, und über die Duse und über so vieles. Er hat über uns übrigens im Tag ein Gespräch geschrieben wo Du als Major u ich als Helene vorkommen. Wir sprechen über Tasso. Er will es mir schicken.

Er will nicht, daß ich zu seiner Vorlesung komme. Er würde zu sehr leiden sagt er. Nun paßt das ganz gut, da sich meine Tage heute ansagen und ich wohl doch nicht könnte nur bin ich sehr traurig, daß ich wahrscheinlich morgen nicht mit ihm in die Salome werde können.

Doctor Burkhard war eben hier und über Baby Gott sei Dank sehr zufrieden.

Wie schön mit Wedekind ich freue mich sehr darauf.

Hofmannsthal will wiederkommen möchte aber dann auch in einem kleinen Loch bei uns wohnen. Das wird ja herrlich werden. Wir sind doch vom Geschick sehr verwöhnt mit unseren Freunden. Wenn Du nur erst da wärst. Hofmannsthal hat mir lange gesprochen darüber, daß Du Amtshauptmann werden müßtest u. nicht *so* weiter. Das wollen wir ja auch.

Gott behüte Dich. Ich umarme Dich

Helene

Hofmannsthal hat auch lüften und Thüren zumachen müssen wir mußten sehr lachen. Ich erzählte ihm von Dir.

Über Hofmannsthals Dresdener Aufenthalt Ende Oktober 1906 waren wir schon durch den Briefwechsel mit Helene von Nostitz unterrichtet: insbesondere durch seinen Brief vom 3. 10., mit dem er sich ansagte (später kam es zu einer geringfügigen Änderung der Termine, so daß die Lesung vor dem »Verein in Dresden« nicht am 25., sondern am 29. Oktober stattfand, dem Datum des vorstehenden Briefes), sowie durch den Brief vom 1. 11. aus Weimar über die Aufführung der

Strauss'schen »Salome«. Sein Besuch im Nostitz'schen Hause – einer gemieteten kleinen Villa mit Garten in der Wienerstraße 1, Dresden-Neustadt – hat auch in einem bereits veröffentlichten Passus aus Helene von Nostitz' Aufzeichnungen[2] seinen Niederschlag gefunden, der hier nochmals wiedergegeben sei:

1906.   Gespräch mit Hofmannsthal. Er las mir seine Gedichte vor. Beim Magier [Ein Traum von großer Magie] sagte er: »Dieses Gedicht habe ich in einem großen Glücksgefühl geschrieben. Ich war lange krank gewesen und mußte beim Militär dienen. Ich besaß ein wildes unheimliches Pferd. Es war ein merkwürdiges Verhältnis zwischen uns. Es war wie ein Dämon, dieses Pferd. Eines Tages ging es durch, wir flogen durch die Wälder. Es war schön, denn die Sonnenstrahlen schossen durch die Baumstämme und flimmerten um uns. Ich wußte, daß wir dem sicheren Tode entgegenritten, denn vor uns lag ein Walddickicht mit harten aneinandergepreßten Stämmen. Da, plötzlich besann sich das Pferd und trabte, langsamer werdend, in eine andere Richtung. Wir kamen in ein freundliches Dorf. Ein schönes böhmisches Mädchen trat mir entgegen, den Körper nur mit einem losen Hemde bekleidet. Zum ersten Male nach langen Wochen fühlte ich Hunger; ich bat sie um ein Glas Milch und trank es aus. Dann saß ich noch eine Weile. Der Mond ging auf und in seinem Scheine ritt ich nach Hause. Ich habe ein solches Glücksgefühl wie in den Stunden niemals empfunden.«

Die Worte sind nicht ganz die gleichen, aber er hatte mir durch diese Bilder ein ähnliches Glücksgefühl mitgeteilt, das ich nicht vergessen möchte.

Wir sprachen über Deutschlands graue Luft der Häßlichkeit, und er meinte, Deutschland wäre eine große dunkle Masse, aus der zeitenweise die Blitze aufleuchteten. Goethe, Beethoven. Aber arbeiten wollen wir wenigen daran, daß es heller Tag werde, wo auch Blumen blühen.

Der Brief vom 29. Oktober an Alfred von Nostitz bringt zu dieser Notiz, die nur einige Höhepunkte des Zusammenseins festhält, eine erwünschte Ergänzung. Wir erfahren nun etwas von der ungezwungenen Atmosphäre, in der sich diese fünf Stunden abspielten: Nachdem der unerwünschte Teegast gegangen war und sich der sensible Besucher im Beisein des taktvollen Terriers Wizzy – der »graue Hund«, an den er sich in seinem Brief vom 3. 10. 1908 erinnert – etwas gesammelt hatte, kommt bald ein Gespräch auf. Wie Hofmannsthal Monate danach an Rudolf Borchardt berichtet, liegt auf dem Schreibtisch dessen im Vorjahr erschienenes ›Gespräch über Formen‹ (eine Betrachtung in Dialogform über Übertragungen antiker Schriftsteller, namentlich Platons, das in einem Lobe auf Hofmannsthals Übersetzung der ›Alkestis‹ ausklingt):

Vielleicht macht Ihnen dies eine kleine Freude: Sie schreiben, schon jetzt, nicht nur für Litteraten, wie Sie in Ihrem Brief sagen. Auf dem Schreibtisch der anmutigsten und schönsten jungen Frau, die ich in Deutschland kenne lag Ihr Gespräch über Formen, als ich nach Dresden kam.[3]

Helene von Nostitz weiß offenbar nichts über den Autor, und so kann ihr Hofmannsthal von ihm erzählen. Sodann kommt die Rede auf Eleonora Duse, die Hofmannsthal schon 1892 nach ihrer Wiener Theaterwoche eine »geniale Künstlerin« nannte und die 1905 fast seine ›Elektra‹ gespielt hätte. Zwischendurch geht man – des abwesenden Hausherrn gedenkend – durch die Räume, von denen namentlich Eßzimmer und Arbeitszimmer durch Henry van de Veldes Möbel mit ihren – die Auswüchse des Jugendstils vermeidenden – einfachen und wuchtigen Formen geprägt sind. Im Eßzimmer harmoniert das Gelb der Wände und der mattlila Samtbezug der Stühle mit den blaulila Tönen des ›Mont Saint-Michel‹ von Signac, eines um 1900 entstandenen Bildes aus der pointillistischen Epoche, zu dem eine Meereslandschaft von Rysselberghe das Pendant bildet. Und neben den der Betrachtung, den Lesungen, dem Klavierspiel gewidmeten ernsten Augenblicken fehlt es auch nicht an Humor: Am Abend müssen die Zimmer gelüftet und sodann die Türen zum Garten geschlossen werden, eine Verrichtung, die Alfred von Nostitz offenbar nur widerstrebend auszuführen pflegte und zu der nunmehr der etwas erstaunte Besucher angehalten wird: »Ich erzählte ihm von Dir. Wir mußten sehr lachen.«

Eher beiläufig stehen in dem Brief drei kleine Sätze:

> Er hat über uns übrigens im Tag ein Gespräch geschrieben wo Du als Major u ich als Helene vorkommen. Wir sprechen über Tasso. Er will es mir schicken.

Damit hat die seit jeher im Freundeskreis Hofmannsthals vertretene Meinung, daß bei dem im Frühjahr und Sommer 1906 in zwei Phasen entstandenen und anschließend im Berliner ›Tag‹ veröffentlichten Prosastück ›Unterhaltung über den ›Tasso‹ von Goethe‹ das Ehepaar Nostitz für das eine der beiden Paare als »Modell« gedient habe, ihre Bestätigung gefunden. Wie schon im Vorwort zum ›Briefwechsel‹ bemerkt wurde, gibt es in dem »Werkchen« eindeutige psychologische Hinweise auf diese Genese: Gewisse Züge der »Baronin« – ihr erratendes oder verstehendes Nicken und ihr ermunterndes Lächeln während der Unterhaltung, von dem die junge Frau des Dichters nachher bemerkt: »Ihr Lächeln ist das undurchsichtigste und vieldeutigste von der Welt«; sodann die Eigenheit, daß sie englische Wendungen in den kleinen Aufsatz über die Prinzessin einflicht – wofür sich auch im vorstehenden Brief ein Beispiel findet –, schließlich gewisse physiognomische Merkmale (»das reizendste Kinn von der Welt«), dies alles mußte Eingeweihte an Helene von Nostitz denken lassen.

Was den Major angeht, so erinnert vor allem ein Wesenszug an Alfred von Nostitz. Eine Bemerkung des Dichters in der ›Unterhaltung‹: ».. seine Scheu ist ebenso groß als seine Zartheit im Denken und Empfinden..«, ist nahezu die Vorwegnahme einer Briefstelle, die Hofmannsthal fast zwei Jahrzehnte später schrieb und in der er Alfred von Nostitz einen »scheuen zarten – durch ein übermäßiges Verantwortungsgefühl fast fürs Leben verdorbenen Menschen« nannte.[4]

Bei dieser Entstehungsgeschichte ist nun freilich Eines erstaunlich: Die ›Unterhaltung über den Tasso‹, in der eingangs die beiden Paare als befreundet vorgestellt werden, wurde ein Jahr nach den Tagen niedergeschrieben, an denen Hofmannsthal und seine junge Frau Alfred und Helene von Nostitz zum ersten Male gesehen hatten. Anläßlich des Vortrages über ›Shakespeares Könige und große Herren‹, den der Dichter am 29. April 1905 vor der Shakespeare-Gesellschaft in Weimar hielt, ereignete sich jene erste Begegnung im Hause Harry Kesslers, von der Helene von Nostitz in ihrem Erinnerungsbuch ›Aus dem alten Europa‹ erzählt;[5] ein mehrtägiges Zusammensein schloß sich an. Bis zu dem Besuche in Dresden im Oktober 1906 kam es dann zu keiner weiteren Zusammenkunft.

Schon die äußeren Umstände weisen darauf hin, daß Hofmannsthal die Wirklichkeit nicht einfach kopierte: Er hat aber in seinem Prosastück nicht nur die Szenerie verändert sondern Möglichkeiten, die er in den realen Personen ahnte, im Schmelztiegel seiner Phantasie variiert und weiterentwickelt. Besonders gilt das von der Gestalt der »Baronin«. Die wirkliche Helene mag schon damals jene Ausstrahlung besessen haben, die Gladys Deacon drei Jahre später zu der Bemerkung veranlaßte: »Das ist eine Frau, die in bewundernswerter Weise ihre Individualität wahrt, ohne den Mund aufzumachen«[6], aber gewiß war sie noch nicht fähig, sich in jenen artikulierten und geistvollen Wendungen zu äußern, die Hofmannsthal sie formulieren läßt. Es bedurfte daher eben jenes in den Briefen vom 2. April und 7. Mai 1907 angedeuteten kreativen Prozesses, damit das kleine Meisterwerk »Die Prinzessin« entstehen konnte, das Felix Braun, ohne von dessen Genese zu wissen, mit Bedacht ausgewählt hat, als er nach Hofmannsthals Tod bei der Zusammenstellung des Programms für die Trauerfeier im Wiener Josefstädter Theater nach einem besonders charakteristischen Beispiel für seine Prosa suchte.[7]

—

Das zweite, in diesen Zusammenhang gehörende Dokument verdanken wir Rudolf Hirsch, der es kürzlich in Hofmannsthals Nachlaß aufgefunden hat. Es lautet:

Brief an Helene   Wie es jetzt in ihren Zimmern ist, die noch nicht mit vergangenem Leben erfüllt sind, kann ich mir ganz gut denken. Man ist zuweilen einsam in seinen vier Wänden oder in der freien Natur. Freilich ist es nichts als eine Erstarrung. Denn man trägt die ganze Welt in sich. Es ist nicht bloß woran man schon einmal gedacht oder was man gefühlt hat, daß man das alles nicht verlieren kann, sondern noch mehr die dunklen Thaten und Leiden der Seele, die nie ans Licht gekommen sind. Es ist ebenso viel von uns hinter'm Licht als vor dem Licht.

Wir waren neulich zu drei oder vieren zusammen und lasen Hölderlin Menons Klage um Diotima. Der Mensch hatte nichts als sich. Das sagt man von Abenteurern. aber ich meine es so: es ist ein Ende, – ein Stehen am Rand, wo das Leben aufhört – und eben darum beseligend. Das Leben ist verworren, jede Reinheit ist erhebend.

Lesen Sie Maß für Maß. Wie Isabella um ihren Bruder bittet.

Dieser Briefentwurf Hofmannsthals läßt sich ziemlich genau datieren. Er nimmt Bezug auf den Brief, den Helene von Nostitz, nach der Übersiedlung aus Dresden, in der zweiten Septemberhälfte des Jahres 1908 aus dem eben bezogenen Hause Tiefurter Allee 6 in Weimar geschrieben hatte. Es heißt darin:

Wir freuen uns auch *sehr* auf Ihr Kommen. Jetzt wo die Einrichtungsdinge fast vorüber sind, fühle ich mich doch noch als Zuschauer in diesem Ort. Die Zimmer haben noch nichts Erlebtes. Da müssen die Freunde, die Gespräche auch kommen, um überall einen Hintergrund für das tägliche Leben zu schaffen.

Hofmannsthals Niederschrift muß vor dem 3. Oktober entstanden sein, als seine Antwort von einem Hotel auf dem Semmering herausging, die ebenfalls auf den zitierten Passus eingeht, sich jedoch nur mit dem Eingang des Entwurfes berührt. Er bemerkt darin:

Ich denke oft, ob die Zimmer noch »fremd« sind, oder schon anders. Wie sonderbar ist das. Auch mit Landschaften gehts mir so. Hier war ich oft, wie beseelt das die Wege, die Bäume werden menschlich. Wer sind wir eigentlich? Aber das ist gleichgültig: freuen wir uns über einander.

Der ›Brief an Helene‹, der weniger einfühlsam ist, ja im ersten Absatz mit der Reflexion über die »Erstarrung« eine gewisse Kritik zum Ausdruck bringt, wurde somit der Partnerin im wesentlichen vorenthalten; so blieb er Bestandteil jenes imaginären Gesprächs, auf das die oben erwähnten Briefe vom 2. April und 7. Mai hinweisen und das in diesem Falle eine schriftliche Fixierung gefunden hat.

Einer Interpretation bedürfen die beiden letzten Absätze: Den Ausgang bildet Hölderlins Gedicht ›Menons Klagen um Diotima‹, das insofern in einem Bezug zum ersten Absatz steht, als auch hier die Klage zu einer – das Verhältnis zur Landschaft einschließenden – Erstarrung führt, die sich erst allmählich löst. Daran schließt sich jedoch ein anderer Gedankengang an: Die Begrenzung durch die Klage wird trotz des damit verbundenen Verlustes an Welt nicht – wie bei dem nur eigennützige Zwecke kennenden »Abenteurer« – als Mangel, sondern geradezu als »beseligend« empfunden. Wie kommt es dazu? Ein Vergleich mit einer Äußerung Rilkes, den wir Michael Hamburger verdanken, kann hier weiterhelfen. Rilke bemerkte zu den Gedichten Trakls:

Eine neue Dimension des geistigen Raums scheint mit ihnen ausgemessen und das gefühls-stoffliche Vorurteil widerlegt, als ob in der Richtung der Klage nur Klage sei – : auch dort ist wieder Welt.[8]

Hofmannsthal präzisiert noch den gleichen Gedanken, indem er den Begriff der Reinheit einführt. In seinem Essay ›Raoul Richter, 1896‹ läßt er den Freund darlegen,

wie die Reinheit immer fest gegründet, erworben und erkämpft werden müsse, wie sie nicht im gestaltlos Großen und Vagen gesucht werden dürfe, sondern wie sie im Kleinsten beruhe, im Einzelnen, im Nichtschwanken, Nichtmischen, Nichtvermischen, in der Zucht und unablässigen Lebendigkeit des Herzens. Er sprach von den hohen gereinigten Begriffen, dem wahren Tempelschatz der Menschheit, von der Reinheit des Erkannten, der Reinheit der Begrenzung.[9]

Die Reinheit der Klage, die den Menschen auf das Wesentliche zurückführt, ihn in die Grenzen einschließt, »wo das Leben aufhört«, und so der Verworrenheit entgegenwirkt, – diese Reinheit ist eben deshalb »erhebend«.

Der Hinweis auf ›Maß für Maß‹, mit dem der ›Brief an Helene‹ abschließt, dürfte in den gleichen Zusammenhang gehören. Denn auch Isabella, die sich in dem Plädoyer für den Bruder auf keine Konnivenz einläßt, sondern in der »Zucht und unablässigen Lebendigkeit des Herzens« beharrt, auch diese Gestalt Shakespeares ist beispielhaft für die – heute unzeitgemäße und doch so notwendige – »Reinheit der Begrenzung«.

Anmerkungen

1. Hugo von Hofmannsthal / Helene von Nostitz. Briefwechsel, herausgegeben von Oswalt von Nostitz, Frankfurt a. M. 1965.

2. Aufzeichnungen aus den Jahren 1906 bis 1913 von Helene von Nostitz; in: Neue Zürcher Zeitung vom 12. 12. 1964.

3. Hugo von Hofmannsthal / Rudolf Borchardt. Briefwechsel, herausgegeben von Marie Luise Borchardt und Herbert Steiner, Frankfurt a. M. 1954, S. 25.

4. Hugo von Hofmannsthal / Carl J. Burckhardt. Briefwechsel, herausgegeben von Carl J. Burckhardt, Frankfurt a. M., 16.–18. Tsd. 1966, S. 185.

5. Helene von Nostitz: Aus dem alten Europa, Wiesbaden 1950, S. 82–84.

6. Hugo von Hofmannsthal: Aufzeichnungen, Frankfurt a. M. 1959, S. 161.

7. Mitteilung Felix Brauns an den Verfasser.

8. Rainer Maria Rilke: Briefe aus den Jahren 1914–1921, Leipzig 1938, Nr. 53: Brief an Erhard Buschbeck, S. 126.

9. Hugo von Hofmannsthal: Prosa III, Frankfurt a. M. 1952, S. 170/171.

EIN BRIEF HOFMANNSTHALS

AN SAMUEL FISCHER

Mitgeteilt von Mario Uzielli · Erläutert von Martin Stern

Rodaun 26 V. ⟨1902⟩

Mein lieber Verleger

eben schreibt mir d'Annunzio daß George auf seinen sehr höflichen und warmen Brief geantwortet habe, »er habe *in der Zwischenzeit* andere Arbeiten angefangen und könne nun nicht mehr an die ›Francesca‹ denken.« Das Ganze ist nun nur an Empfindlichkeiten fehlgegangen und wäre so leicht gut durchzuführen gewesen, wenn man sich *gleich* an mich gewandt hätte, so daß ich als erstes einen Brief d'Annunzios an George veranlaßt hätte, während ich jetzt von der Sache erst etwas erfuhr, als George mißtrauisch bei mir anfragte, ob der Wunsch wirklich spontan von d'Annunzio ausgegangen sei, so daß der von d'Annunzio im nachhinein geschriebene (auf meine Veranlassung geschriebene) Brief nichts mehr wirken konnte – weil George es nicht verzieh, daß man ihm etwas nicht ganz richtiges ursprünglich gemeldet hatte.

———

Die Musik zu meiner Pantomime der ›Schüler‹ ist seit Februar (!!) in den Händen Wolzogens und seiner Capellmeister. Ich erhielt Anfang März eine Correspondenzkarte ich möge mich »kurze Zeit« (!!) gedulden da die Notenschrift ziemlich unleserlich sei. Seither keine Zeile. Ich war über diese Tingl-Tangl-unhöflichkeit so consterniert, daß ich die Sache mit keinem Wort mehr berührte. Ich wäre wegen des jungen Musikers *sehr* froh, wenn Sie durch Ihren Einfluß die Sache in Gang bringen könnten. Die Musik ist ausgezeichnet, claviermäßig, und effectvoll.

Ihr aufrichtig ergebener

Hofmannsthal

P. S.

Bitte vielmals, die Francesca-angelegenheit und alles was ich darüber schrieb, als streng *vertraulich* zu behandeln.

Erläuterung

Hofmannsthals Brief an Samuel Fischer betrifft zwei Ereignisse, deren erstes durch Peter de Mendelssohns Verlagsgeschichte (S. Fischer und sein Verlag, Frankfurt a. M. 1970) soeben ausführlich, aber mit etwas anderer Akzentuierung dargestellt worden ist, deren zweites jedoch bisher unbekannt war. So ist zu beiden ein kurzer Kommentar vielleicht willkommen.

Stefan George hatte 1892 Gedichte d'Annunzios übertragen, welche im März des folgenden Jahres in den ›Blättern für die Kunst‹ erschienen. Hofmannsthal vertiefte sich gleichzeitig in die Romane des produktiven und erfolgreichen italienischen Autors und veröffentlichte 1893 in der ›Frankfurter Zeitung‹ seine erste, 1894 und 1896 in Hermann Bahrs ›Zeit‹ seine zweite und dritte kritische Würdigung. Ebendort erschien von ihm im Oktober 1897 ›Die Rede Gabriele d'Annunzios‹ und ein Jahr später in Maximilian Hardens ›Zukunft‹ die Übersetzung von d'Annunzios Nachruf auf die Kaiserin Elisabeth. Dem war in Florenz ein »sehr erfreuliches Zusammentreffen« vorausgegangen, von welchem Hofmannsthal George Bericht erstattete. (Briefwechsel zwischen George und Hofmannsthal, 2. A., München u. Düsseldorf 1953, S. 137.)

Inzwischen hatte d'Annunzios Ruhm Deutschland erreicht und Samuel Fischer sich seiner angenommen. In der ›Neuen Deutschen Rundschau‹ war 1896 als erstes Werk der Roman ›Der Unschuldige‹ erschienen; bis 1904 folgten bei Fischer zehn weitere Bücher, im ganzen sechs Romane und Novellenbände und fünf Schauspiele, zum Teil in hohen Auflagen, aber alle von anderen Übersetzern. Diese Übertragungen waren mangelhaft, und als d'Annunzio – der kein Deutsch verstand – das gemeldet wurde, verlangte er von Fischer auch in dieser Beziehung eine größere Anstrengung; insbesondere forderte er für seine Verstragödie ›Francesca da Rimini‹ »une traduction absolument exceptionnelle« und bestimmte am 7. Juli 1900, mit Rücksicht auf Eleonora Duses Wunsch, das Stück in *Berlin* zur Uraufführung zu bringen, die deutsche Übersetzung müsse vorher, ja noch früher als die italienische Ausgabe erscheinen. (Vgl. P. de Mendelssohn, a. a. O. S. 220.)

Die Verknüpfung der Forderung nach höchster Qualität *und* Raschheit – an sich schon eine Zumutung – war wohl der Hauptgrund, der den Versuch zum Scheitern brachte, Stefan George für eine Übertragung der ›Francesca‹ zu gewinnen. Hinzu kam der Umstand, daß offenbar die Beendigung des Werkes selbst länger dauerte, als geplant war, was d'Annunzios seltsames Verhalten im Verlauf der Verhandlungen erklären könnte.

Der Vorgang war der folgende: Der Wunsch, Stefan George zu bitten, stammte entgegen dessen späterem Verdacht von d'Annunzio. Als aber George das vom

Dichter bestätigt haben wollte, antwortete dieser nicht. Jetzt wurde W. Schmujlow, der Gatte der mit Hofmannsthal bekannten Publizistin Ria Schmujlow-Claassen, welcher den ›Blättern für die Kunst‹ nahe stand, beauftragt, Hofmannsthals Vermittlung zu suchen, dessen Verkehr mit George damals seit fast drei Jahren unterbrochen war. Das Schreiben Schmujlows vom 4. IV. 02 lautete:

> Mittlerweile sah ich wieder St. George, der mich Folgendes auszurichten gebeten hat.
>
> Der Verleger Fischer in Berlin wollte von G. eine Übersetzung von ›Francesca da Rimini‹ haben und fügte hinzu, er wende sich an ihn auf Wunsch von d'Annunzio selbst. Wenn das Letzte sich wirklich so verhalten sollte, so würde G. eventuell die Übersetzung machen. Er hat infolgedessen an d'Annunzio (durch Trevers in Mailand) geschrieben, aber gar keine Antwort erhalten. Nun bittet er Sie, falls Sie an d'Annunzio zu schreiben hätten, ob Sie nicht für ihn wegen der Richtigkeit dieser Fischer'schen Angabe anfragen könnten. Er wäre Ihnen sehr dankbar dafür.

Hofmannsthal nahm sich des Auftrags wie seines eigenen sogleich an und meldete am 19. IV. 02 an W. Schmujlow:

> In der Sache Georges habe ich an d'Annunzio geschrieben und schreibe darüber an George direct.

Beides ist mit Sicherheit geschehen, wie Hofmannsthals Brief an George vom 3. V. 02 bezeugt. Und Hofmannsthal unternahm noch mehr: Er bat Fischer am 19. IV. vertraulich, ihm die ganze Verantwortung zu überlassen, damit ja keine Empfindlichkeiten dazwischen träten und so »ein ganz einziges Kunstwerk von Übersetzung zustande kommen kann« (Briefe 1900–1909, S. 70 f.). Und George stellte er am 3. V. in Aussicht, »in den nächsten Tagen« die Duse in Wien auf die Bedeutung des Unternehmens hinzuweisen und eine telegraphische Bestätigung d'Annunzios zu erwirken. Auch das ist mit Gewißheit erfolgt, denn anschließend traf endlich das Manuskript des Werkes und ein Telegramm d'Annunzios bei George ein. Doch für beides war es nun zu spät: George hatte anders entschieden, wohl *auch* aus Zweifel an d'Annunzios persönlichem Interesse für seine Mitarbeit, den zu zerstreuen der mit der Fertigstellung seines Werkes Beschäftigte allzulange versäumt hatte.

Besonders betroffen waren Hofmannsthal und Fischer. Der erste bemühte sich noch zu einem Zeitpunkt um das Werk, da George die Mitarbeit gemäß einer Nachricht von Gundolfs Hand bei Fischer bereits aufgekündigt hatte. Und Hofmannsthal, der d'Annunzios Klage in Empfang nehmen mußte, gab schließlich zu Unrecht Fischer indirekt die Schuld an dem Mißlingen des Ganzen – im ersten Teil des vorliegenden Briefes vom 26. Mai 1902.

Immerhin konnte ›Francesca da Rimini‹, mit Initialen und Verzierungen von d'Annunzios Freund Adolfo de Karolis, 1904 bei S. Fischer noch erscheinen, und zwar in der ausgezeichneten Übertragung von Karl Vollmoeller, der mit Fischer *und* den ›Blättern für die Kunst‹ verbunden war. Aber dann wechselte d'Annunzio zu Albert Langen nach München über.

—

Der zweite Teil unseres Briefes bezieht sich auf ein kleines Werk Hofmannsthals, das lange fast vergessen war. Die Pantomime ›Der Schüler‹ entstand vermutlich im Frühjahr 1900 in Paris; erhaltene Entwürfe sind mit 1901 datiert. Das Ganze trägt Grand-Guignol-Züge und wohl auch Spuren des jiddischen Theaters, das Hofmannsthal während seiner Militärdienstzeit in Galizien kennen gelernt hatte. Der Alchemist und Meister war ursprünglich ein »Rabbi«, und diese Bezeichnung ist auf den Seiten 9 und 13 des Textbuches stehen geblieben, ein Versehen, welches wohl das Schicksal der Groteske mitbestimmt hat.
Über die seltsame Druckgeschichte berichtet Karl Jacoby folgendes:

> Nach Mitteilung des Verlegers S. Fischer sollte das Werk laut Vertrag mit Hofmannsthal vom 4. XI. 1901 als Textbuch der Pantomime bei einer Aufführung in Wien, eventuell Berlin, erscheinen. Das Textbuch ist in 2300 Exemplaren im November 1901 gedruckt worden, aber nicht erschienen und auf Wunsch des Verfassers zurückgezogen worden. Es waren 300 Exemplare für den Fall der Aufführung bei der Wiener Auslieferung des Verlages (Friese und Lang) deponiert worden. Aber diese Exemplare durften ebensowenig wie die in Berlin befindlichen verkauft werden. Sämtliche Exemplare sind vermakuliert worden. (Karl Jacoby, Hugo von Hofmannsthal. Bibliographie, Berlin 1936, S. 25.) *

Wann genau Hofmannsthal die Anordnung zur Vernichtung der Auflage gab, wurde von Fischer nicht mitgeteilt. Vermutlich geschah es *vor* dem Erstdruck im November-Heft der ›Neuen Deutschen Rundschau‹, 12. Jg., 1901, welcher die eingangs erwähnten Irrtümer nicht aufwies. Es ist anzunehmen, daß vor allem *sie* den Entschluß Hofmannsthals bewirkten, vielleicht mit Rücksicht auf die Familie seiner Frau – er hatte Gerty Schlesinger wenige Monate zuvor geheiratet. Und in diesem

---

* Gotthart Wunberg gibt in einer Anmerkung zu seiner Analyse des ›Schülers‹ irrtümlich eine Auflagenhöhe von 23 000 statt 2300 an. (G. W., Der frühe H. Schizophrenie als dichterische Struktur, Stuttgart 1965, S. 92.) – Donald G. Daviau stellt in seinem Aufsatz über die Pantomime die Frage, ob überhaupt noch Exemplare der von Jacoby bibliographierten, vernichteten Ausgabe erhalten geblieben seien. (In: Modern Austrian Literature. Journal of the international Arthur Schnitzler Research Association, vol. 1, n. 1, spring 1968, p. 26.) – Die Frage ist zu bejahen: Hofmannsthals Bibliothek weist noch heute 11 Exemplare auf.

Fall läge es nahe, an Thomas Manns ja ähnlich begründeten Rückzug von ›Wälsungenblut‹ zu denken.

In Unkenntnis dieses Zusammenhangs und des nun publizierten Briefes hatte die Forschung keinen Grund, an Hofmannsthals Gleichgültigkeit seiner Pantomime gegenüber zu zweifeln, wie das etwa in seinem Brief an Ria Schmujlow-Claassen vom 22. Dezember 1901 zum Ausdruck kam, wo es heißt:

> Solche Sachen wie das Ballett [*Triumph der Zeit*] und die Pantomime [*Schüler*] sind ja eigentlich nichts. Mit dem Ballett waren gewisse materielle Hoffnungen verknüpft, die aber vollkommen enttäuscht worden sind.   (Briefe 1900–1909, S. 62.)

›Triumph der Zeit‹, ebenfalls im Frühjahr 1900 in Paris entworfen, bezeichnete Hofmannsthal noch am 16. VIII. 1901 gegenüber Kessler als »ausschließlich zur Aufführung auf großen Bühnen bestimmt«. (HvH / Kessler, Briefwechsel, Frankfurt a. M. 1968, S. 33.) Doch lehnte Strauss die Vertonung ab, und die Musik Alexander Zemlinskys brachte ebenfalls keinen Erfolg. – Daß aber auch die Pantomime komponiert worden war und Hofmannsthal noch im März 1902 auf eine baldige Aufführung in Berlin hoffte, bestätigt dieser Brief mit der Bitte an Fischer, sich seinerseits dafür einzusetzen. Wer die »effectvolle« Musik komponiert hatte, wissen wir seit der Veröffentlichung des Briefwechsels Hofmannsthal–Schnitzler. Dort nennt eine Einladung Hofmannsthals von Anfang Februar 1902 als Komponisten Erich Julius Wolff (1874–1913); der Librettist lud ihn zusammen mit Zemlinsky und einer Sängerin zum Nachtmahl ein und lobte seine Vertonung der Pantomime auch gegenüber Schnitzler als »auffallend hübsch« (Briefwechsel, S. 153).

Ernst von Wolzogen war der Gründer und Leiter des Berliner ›Überbrettls‹, wo Dehmel, v. Levetzow, Bierbaum, Wedekind und andere mitwirkten. Einer oder *der* »Capellmeister« des Unternehmens, über das sich Hofmannsthal beklagt, war Arnold Schönberg.

Für die Erlaubnis, den Brief zu veröffentlichen, danken wir der Familie von Hofmannsthal, für Hinweise Herrn Dr. Willi Schuh und vor allem Herrn Dr. Rudolf Hirsch.

ZWEI BRIEFE HOFMANNSTHALS

AN ERNST STERN

Mitgeteilt und erläutert von WERNER VOLKE

Rodaun 26 XII. ⟨1909⟩

Lieber Herr Stern

ich will Ihnen nur sagen, daß ich mich auf das, was Sie für meine Comödie machen werden, *freue* und dann daß Sie Ihre so charmante unendlich sichere und productive Phantasie für Figurinen in keiner Weise durch historische Strenge *binden* sollen, sondern Reifröcke, Perrücken und Fräcke von 1740–1780 ganz ruhig durcheinandermischen aber das *Italienische* dabei sehr scharf betonen, wozu Longhi ja eine reizende Anregung bietet. Der Pfarrer trägt den schwarzen Hut mit der übertrieben breiten Krempe – ob er Perrücke trug (die ja die Tonsur *verhüllen* würde!) weiß ich nicht. Dies alles ist übrigens besser mit der Phantasie zu lösen als mit der Historie. Geben Sie den Frauen nur Reifröcke, dann ist der Unterschied sehr amüsant, wenn sie im Negligé sind: so in Act I (2te Hälfte) die Cocotte Antonia, in II sowohl Cristina als die Unbekannte. Cristina u. Pasca, in bäurischer Tracht, werden vielleicht eine Art Bauschröcke haben, verschieden von den Reifröcken der Städterinnen.

Die mehrern alten Weiber die sich in Act I herumtreiben, tragen höchst schäbige Unterröcke, darüber nur das gewisse venezianische schwarze Tuch und Pantoffel. – Teresa besitzt noch keinen Reifrock, geht schlampig und in Pantoffeln, immer.

Die 4 Musiker in Act II sehr schäbig!

Auf Wiedersehen!

Ihr ergebener

Hofmannsthal

Rodaun d 31 XII 09

Sehr geehrter Herr.

Ich schicke morgen an Sie ein neues Buch über Longhi, das Ihnen vielleicht nicht unwillkommen sein wird. Für das Kostüm der Cristina in Akt I und II habe ich eine Farbenzusammenstellung im Kopf, die ich Ihnen ganz unmassgeblich unterbreite. Sie hat den Vorzug sehr typisch italienisch zu sein. Besonders italienisch im Sinn des 17 und 18ten Jahrhunderts. Nämlich: den Reifrock oder gebauschten Rock aus hellbrauner Seide, chamoisfarb, und dazu das Jäckchen oder Miederleibchen von intensivem Blau; ich stelle mir vor, dass das auch der Heims sehr gut stehen müsste. Dazu könnte sie noch das Umhängtuch aus schwarzer Seide haben, das ja sowohl die vornehmen Damen als die Bettlerinnen trugen. Aber dies Umhängtuch nur zeitweilig umnehmen. Ich freue mich wirklich sehr auf die besonders reizenden Farben, die Sie einzelnen Figuren geben werden. Dies scheint mir der ganze Witz des Stückes: zwei drittel der Figuren in ärmlichen Farben halten, ziemlich viel schwarz, grau und marron, und in jeder Scene ein oder zwei Figuren einen sehr reizenden Farbenton bringen lassen. Die kleinere Schwester der Cocotte, die noch keinen Reifrock besitzt könnte ein amüsantes Negligee tragen, wenn es auch auf der Gasse spielt, z. B. einen apfelgrünen Unterrock ihrer Schwester und darüber das heisst oben ein gestreiftes Jäckchen, welches nicht ganz zur Taille hinunterreicht und das Hemd sehen lässt. Sie müssen dafür an die freche kleine Kupfer denken. Sie sehen ich dichte Ihnen hinein!

Da Akt III noch nicht in Händen des Bureau, so gebe ich hiemit, damit Sie nicht aufgehalten sind die Angabe der Decoration: Die Hauptstube in Cristinas kleinem Gasthof auf dem Dorf: im Hintergrund eine Thür und ein Fenster beide ins Freie, die Thür mehr links, das Fenster mehr rechts (vom Zuschauer). Rechts rückwärts die geschlossene Thür zu Cristinas Zimmer, rechts vorne die Küchenthür. Zwischen beiden Thüren der Ofen. Um den Ofen in einer Höhe von zwei Metern laufen Stangen viereckig verbunden, an denen Mäntel, Joppen und Hüte des Kapitäns hängen. Links ganz vorne die Thür zu einem Gastzimmer, das der Kapitän bewohnt. Die Thür dazu geht nach aussen auf. Von der Thür an nach rückwärts an der linken Wand läuft eine Bank. An dieser steht ein mässig grosser Esstisch. Wo die Bank aufhört steht ein Schrank, auf diesem etwa ein ausgestopftes Thier. Der Schrank mag dann die rückwärtige linke Ecke bilden. Die Decoration braucht nicht tief zu sein. Es liegen sich dann gegenüber die Küchenthür und die Thür zum Zimmer des Kapitäns; der Ofen und der Esstisch; und gegenüber der Thür zu Cristina ist die Ecke mit dem Schrank. Wenn Ihnen das nicht zusammengeht so kann auch gegenüber der Thür zu Cristina wieder eine Thüre links sein. Aber die brauche ich nicht. Die Thür ins Freie muß jedenfalls in der Rückwand sein. Das Ganze soll kein grosses, kein hohes und durchaus kein regelmässiges Zimmer sein.

Mit den herzlichsten Grüssen

Ihr aufrichtig ergebener

Hofmannsthal

IM FRÜHJAHR 1907 hörte Hofmannsthal auf dem Semmering Josef Kainz die Geschichte der Cristina aus den Memoiren des Casanova erzählen. Drei Jahre später – im Februar 1910 – ging diese von Hofmannsthal in eine »Komödie« verwandelte Casanova-Episode in Max Reinhardts Deutschem Theater in Berlin mit mäßigem Erfolg über die Bühne. Reinhardt selbst führte damals die Regie; die untermalende und verbindende Musik hatte Einar Nilson geschrieben. Else Heims, die spätere Frau Max Reinhardts, spielte die Cristina, Alexander Moissi den Florindo und Wilhelm Diegelmann den Kapitän Tomaso. Margarete Kupfer war nicht in der Rolle der Teresa, der von Hofmannsthal beschriebenen »kleineren Schwester der Cocotte«, sondern als Pasca zu sehen. Den Pedro gab Rudolf Schildkraut.

Der Stoff hatte Hofmannsthal Schwierigkeiten bereitet. Im Schicksal des verführten Landmädchens Cristina lag ebensoviel Tragik wie Komik. Casanova hatte diese Ambivalenz auf seine Weise mit einer »Lösung« eher leicht-fertig als genialisch überspielt und damit nur scheinbar aufgehoben. Eben um die Aufhebung des in dieser Ambivalenz liegenden Widerspruchs in der Form und Sprache des Lustspiels ging es Hofmannsthal. Daß diese Aufgabe mit der Vollendung des Stückes dichterisch nicht befriedigend gelöst erschien, lassen die noch während der Berliner Aufführungen vorgenommenen Änderungen erkennen. Die Arbeit an dieser Komödie blieb, wie Hofmannsthal am 15. Januar 1909 an R. A. Schröder schrieb, »eine kleine Etappe in der Entwicklung, im Lernen, dem ewigen Lernen des Metier« (Briefe II, S. 349).

343

Wie stark Hofmannsthal aber schon damals die Gestalten seiner Stücke mit den Augen des Theatermannes sah, wie plastisch sie vor ihm standen, wie diskret er auch die künstlerischen Fähigkeiten anderer zu wecken und auszunutzen verstand und dabei die Grenzen ihrer Begabung in Rechnung stellte, verraten einmal mehr die hier veröffentlichten Briefe an Ernst Stern.

Stern, im gleichen Jahre wie Hofmannsthal – 1874 – geboren und 1954 gestorben, war seit 1906 Bühnenbildner und »Chef des Ausstattungswesens« der Reinhardt-Bühnen. Von ihm stammten die Dekorationen, zum Teil auch die Kostüme zu den berühmt gewordenen Aufführungen von Offenbachs ›Orpheus in der Unterwelt‹, Gogols ›Revisor‹, Goldonis ›Diener zweier Herren‹, Shakespeares ›Der Widerspenstigen Zähmung‹, der ›Lysistrata‹ des Aristophanes und zu vielen anderen Inszenierungen. Auch für den 1908 in den Kammerspielen aufgeführten ›Tor und Tod‹ hatte Stern das Bühnenbild entworfen.

Mit ›Cristinas Heimreise‹ begann die engere Zusammenarbeit Hofmannsthals und Sterns, die ihre Höhepunkte in der Stuttgarter ›Ariadne‹-Inszenierung, in den Aufführungen der Molière-Bearbeitungen Hofmannsthals – ›Der Bürger als Edelmann‹, ›Die Lästigen‹ –, des Tanzspiels ›Die grüne Flöte‹ und der ›Dame Kobold‹ fand.

Wenn Hofmannsthal im ersten Brief betont, Stern solle sich nicht durch das Historische binden lassen, so wird man sich der Bemerkungen in einem Brief an Schröder vom 10. November 1908 erinnern. In ihm bezeichnet Hofmannsthal seine Komödie als ein »Gewebe ganz moderner Wesen, die nur wie eine leichte Schminke von Rokoko auf sich tragen,« und meint, nur die Art der Masken und die Form ihres Sprechens vollzögen »die leichte spielerische Annäherung an den Zeitcharakter« (Briefe II, S. 347). Andererseits ist der Rat Hofmannsthals ein Hinweis darauf, für wie begrenzt er zunächst Sterns Fähigkeit hielt, das Atmosphärische einer festumrissenen historischen Situation zu erfassen und zu reproduzieren, und wie sehr er dafür auf dessen Kraft der künstlerischen Phantasie setzte. Diese Auslegung drängt sich auf, wenn man Hofmannsthals Urteil über den Bühnenbildner in dem Brief an Harry Graf Kessler vom 12. Juni 1909 liest: »Stern ist gewiß nicht untalentiert, aber wie ich bei Thor und Tod spürte, culturlos und gefühllos für historisches air in unerträglichem Grade (Siehe auch Lysistrata).« (Briefwechsel, S. 242) Stern war sich dieser Schwäche selbst bewußt. Er machte, durch Reinhardts schöpferische Begabung ständig angespornt, aus der Not eine Tugend. Er verließ sich, wie man seinen Erinnerungen entnehmen kann, »mehr auf seine Phantasie als auf existierende authentische Dokumente eines bestimmten Modestils« (Bühnenbildner bei Max Reinhardt. Berlin 1955, S. 97), und errang sich mit den aus dieser Einsicht entstandenen Bühnendekorationen und Kostümen in steigendem Maße die Bewunderung Hofmannsthals. Als während der Diskussionen um die ›Ariadne‹-Aufführung Strauss am 19. April 1912 wieder einmal für Alfred Roller als Bühnenbildner plädierte, die Ausstattungen Sterns zu Gozzis ›Turandot‹ und Molières ›George Dandin‹ mit dem Verdikt »genialer Kitsch« belegte und meinte, bei Stern sehe »*alles so auf Billiges hingehaut* aus«, widersprach am 21. April Hofmannsthal energisch: »Wenn ein hochbegabter Mensch jahraus, jahrein gehetzt und gedrängt wird zu improvisieren und billig zu arbeiten, *muß* etwas wie Kitsch herauskommen. ⟨...⟩ Stern steht hier vor einer unendlich subtilen und komplizierten Aufgabe. Er hat auf geistreiche und halb historische, halb anachronistische Weise verschiedene geistige Welten gegeneinanderzuhalten, zeichnerisch und durch die Farbe, eine Aufgabe, welcher der solide, aber ganz phantasielose Roller eben nicht gewachsen ist. ⟨...⟩ bitte intervenieren Sie so, daß das Richtige geschieht, der Mensch aber auch den Spielraum hat, seine *Phantasie* arbeiten zu lassen, nicht bloß mit der Routine zu arbeiten.« (Briefwechsel, 3. Aufl. 1964, S. 174 u. 177) Uneingeschränktes Lob schließlich schreibt der Dichter dem Bühnenbildner am 29. Februar 1916: »ich habe bei der gestrigen Generalprobe des Macbeth den denkbar größten Eindruck auch von Ihrer Leistung gehabt ⟨...⟩ Unter allen Menschen, die für die Bühne arbeiten, soweit ich sie übersehe, hätte keiner diese Aufgabe glücklicher, nobler, und geistreicher lösen können.«

—

Die im zweiten Brief von Hofmannsthal gegebene Beschreibung des Bühnenbildes zum dritten Akt deckt sich in vielem bereits wörtlich mit jener der ersten Buchfassung.

Das an Stern gesandte Buch war das von A. Ravà: Pietro Longhi. Bergamo 1909 (Mitteilung von Dr. Rudolf Hirsch).

Das Original des handschriftlichen Briefes vom 26. Dezember 1909 befindet sich im Deutschen Literaturarchiv Marbach a. N.; dasjenige des mit Ausnahme des Postskriptums und der Bühnenskizze maschinenschriftlichen Briefes vom 31. Dezember ist verschollen. Der Text wird hier nach einer von Herrn Dr. Rudolf Hirsch freundlich zur Verfügung gestellten Photokopie des Originals wiedergegeben; Postskriptum und Bühnenskizze sind, leicht verkleinert, faksimiliert.

EINE FRÜHE REZENSION VON KARL KRAUS:

HOFMANNSTHALS »GESTERN«

Mitgeteilt und erläutert von EUGENE WEBER

Gestern. Studie in einem Akt in Reimen von *Theophil Morren (Loris).* (›Moderne Rundschau‹ IV., 2 und 3.)

Die treffliche Zeitschrift, in der die Studie erschien, ist leider vor nicht langer Zeit eingegangen. Ihr Bestehen krankte an demselben Übel wie viele ähnlichen modernen Unternehmungen: an der Teilnahmlosigkeit des Publikums. Und nun nimmt sich in Wien nur mehr die Litteraturzeitung des Dr. Bauer so recht unserer aufkeimenden Produktion an. Die Wiener Freibühnler müssen nun ihre Geisteskinder in den Schutz der befreundeten Berliner ›Freien Bühne‹ stellen. Manch schönes Talent hatte in dieser ›Rundschau‹ eine Heimstätte, einen Fruchtboden gefunden, das größte und – jüngste war Theophil Morren, der sich auch Loris nennt und unter diesem Namen einiges über moderne französische Litteratur und über Herrmann Bahr, den Linzer Franzosen, geschrieben hat. Von Theophil Morren aber ist ›Gestern‹. Der Vorgang geschieht in Italien zur Zeit der großen Maler, im Hause des reichen Andrea. Der Charakter dieses Mannes bildet die ›Studie‹. Es steckt ein gutes Stück Psychologie in dem Gedicht. Andrea ist Feind des Begriffes »Gestern«, Feind des ausgeführten Entschlusses, des geschaffenen Dinges. » – – – Das Gestern lügt und nur das Heut ist wahr!« Ganz richtig begreift und versteht ihn sein Freund, der Dichter Fantasio, wenn er sagt: » – – – – Du trägst die Stimmung nicht, du läßt dich tragen!« Und Andrea entgegnet:

> Ist nicht dies »Tragenlassen« auch ein Handeln?
> Ist es nicht weise, willig sich zu wandeln,
> Wenn wir uns unaufhaltsam wandeln müssen?

(Ein kostbarer Gedankensplitter!) An einer Stelle sagt Andrea: » – – –, weil meine Schöpferkraft am Schaffen stirbt und die Erfüllung stets den Wunsch verdirbt« und dann wieder, zu seinen Freunden:

> Ihr sollt mir raten. Denn ich taste kläglich,
> Wenn mich die Dinge zwingen zum Entscheiden:
> Mich zu entschließen ist mir unerträglich,
> Und jedes Wählen ist ein wahllos Leiden.

Nur wollen, nicht wählen! Er wechselt mit jedem Tage seine Launen und kann keinen Entschluß zur Ausführung bringen, zum Ärger der Freunde, von welchen er sagt: »Wie mich's zuweilen ekelt vor der Schar! Nimmt keiner doch des Augenblicks Verlangen, den Geist des Augenblickes keiner wahr!« Ähnlich später:

> Sein selbst bewußt ist nur ein Augenblick
> Und vorwärts reicht kein Wissen noch zurück!
> Und jeder ist des Augenblickes Knecht,
> Und nur das Jetzt, das Heut, das Hier hat Recht!

Und ein ganz eigenartiger Zug seines Charakters spricht sich in seinen Worten aus:

> Ich liebe Schurken, ich kann sie verstehen,
> Und niemand mag ich lieber um mich sehen.
> So gern mein Aug' den wilden Panther späht,
> Weil niemals sich der nächste Sprung verrät,
> So haß ich die, die ihre Triebe zähmen
> Und sich gemeiner Ehrlichkeit bequemen.
> Es ist manchmal so gut, Verrat zu üben!
> So reizend: grundlos, sinnlos zu betrüben!
> Der grade Weg liegt manches Mal so fern!
> Wir lügen alle und ich selbst – wie gern! – – –

Wie wohl man eigentlich bei der kleinen Dichtung von Handlung nicht sprechen kann, denn sie soll nichts weiter als eben psychologische Studie sein, so hat das Gedicht gleichwohl Entwickelung, einen »Umschwung«. Und dieser liegt in der Entwickelung, die das Liebesverhältnis des Andrea zu Arlette nimmt. Die Sentenz des Fantasio:

> Daß manchmal Worte, die wir täglich sprechen,
> In unsre Seele plötzlich, leuchtend brechen –

bewahrheitet sich an Andrea, sie bringt ihn plötzlich zur Erkenntnis, daß ihn seine Arlette nicht mehr liebt, daß sein Freund Lorenzo ihm ihr Herz geraubt hat.

Doch soll sie ihm alles sagen, er will wenigstens wissen, »ob sie sich ihm verschenkte, er sie nahm« und er wird dann vergessen, weil es bereits geschehen ist, er wird mit ihr unbekümmert um die Vergangenheit das Leben, den Augenblick genießen.

> Und was mich heute quält wie dumpfe Pein,
> Wird eine Wonne der Erinnerung sein.

Und sie erzählt von gestern, gestern, da Andrea nicht bei ihr weilte, und da, zum ersten Male kann sein Sinn über »Gestern« nicht hinüber kommen und er weist ihr die Thüre und blickt ihr lange nach und kämpft mit aufquellenden Thränen.

Die großartige Psychologie darin, für deren Reproduktion die Bühne wohl ein zu rohes Werkzeug wäre, wird in Gedanken ausgesprochen, die wahrhafte Gedankenperlen sind, wie man sie bei einem »anerkannten« Klassiker suchen muß: fast jeder Vers ein Gedanke von unergründlicher Tiefe, von unsagbarer Schönheit. Vers und Reim von Meisterhand behandelt, keine Zeile, die gemacht klingen würde, kein Reim der dem Dichter Schweiß gekostet haben mag. Die Sprache, so schön, so edel, so natürlich-ungezwungen, wie auf das Kolorit der Scenerie gestimmt, so klassisch-ruhig.

Als Arlette gesteht, spricht Andrea:

> O wie mich das empört,
> Dies Gestern! dessen Atem ich noch fühle
> Mit seines Abends feuchter, weicher Schwüle.
> Da war's. Da! wie ich fort war. Da, sag ja!
> In blauem Dufte lag der Garten da....
> Die Fliederdolden leuchteten und bebten....
> Der Brunnen rauschte und die Falter schwebten...

> *Arlette (suchend):*

> So war's, allein ... der Garten ... und das Haus,
> Das war so anders ... sah so anders aus.

> *Andrea:*

> Am Himmel war ein Drängen und ein Zieh'n,
> Des Abends Atem wühlte im Jasmin,
> Und ließ verträumte Blüten niederweh'n. – – –

Das ist rechte Poesie, da liegt Stimmung, das fühlt man so alles mit, man versetzt sich so recht hinein, man verspürt den lauen »Atem« der Abendluft, man halluciniert auch den bestrickenden Duft von Jasmin und Fliederdolden.

Das kleine Poem hat Aufsehen erregt. Herrmann Bahr vergöttert geradezu den jungen Loris. Überspannt und zu Übertreibung geneigt, wie der geniale Bahr nun einmal ist, stellt er aber an Loris physiognomische Studien an. Jede Schule, jede Kunstrichtung hat, wie er sagt, Loris gleich als den ihren bezeichnet. Man sollte sich aber nicht den Genuß einer echten Dichtung durch Klassifizierung derselben trüben. Naturalistisch ist sie sicher, schon die Studie ist das Naturalistische, und jedes gute Werk muß naturalistisch, muß natürlich sein. »Der echte Dichter wird immer als Naturalist geboren,« sagt Liliencron. Hier ist ein allerdings lebensfähiger Zwitter: Naturalismus in klassischer Formvollendung: Eine psychologische Studie, die den Dichter vielleicht zufällig zu dramatischer Form, zu Vers und Reim führte. Eine »Überwindung des Naturalismus« aber kann ich in dem Werke nicht erkennen, so sehr sich auch manche Mühe geben, eine solche analytisch *ad oculos* zu demonstrieren. »Überwindung des Naturalismus!« da hat man denn wiederum ein neues Schlagwort glücklich herausgebracht, nach dem man nun künftig definieren wird. Die Studie Morrens muß lebenswahr sein, man sieht, es giebt manche Leute, die solche Andreas sind, die von »Gestern« nichts wissen wollen. Sie haben jeden Tag eine andere Laune, jeden Tag ein anderes »Neues«, ein anderes *fin de siècle*, ihnen ist »morgen Moder, was heute Mode«. Neuidealisten, Symbolisten nennen sie sich, ihr Centrum ist Frankreich, ihr Haupt Maurice Maeterlinck in Brüssel, und nach Deutschland weht ein Zipfel ihres Banners und an diesem hängt Herrmann Bahr, der echteste Andrea der Litteratur. Sie mögen sich trösten, der Naturalismus ist noch lange, lange kein ausgetretener Pfad, nicht im Norden oder in Frankreich, wo er allerdings schon über ein halbes Jahrhundert alt ist, viel weniger in Deutschland; die Hauptmanns und die Holz-Schlaf mit ihrem konsequenten Realismus sind noch lange nicht ganz verstanden und gewürdigt. – Doch bei uns, in Österreich an eine Überwindung des Naturalismus denken, wäre schneidende Ironie, ein lustiges Paradoxon. Den Naturalismus, den wir *noch nicht* haben, *schon nicht mehr* haben: es hieße: weggeben, was man nicht besitzt und wir, wir haben litterarische Schulden! Nein, vorher die starren Fesseln der Konvention und Schablone abstreifen und die Tyrannei überwinden, die sich die Kritik und autoritatives wie metaphysisches Ästhetikertum über die Köpfe angemaßt hat, dann den Naturalismus gewinnen, ihn lange, recht lange besitzen, ihn durchleben, bis man zu Höherem reif ist – wenn anders es ein Höheres giebt, das ich aber in Maeterlinck durchaus nicht verkörpert sehe. Vorläufig aber seien wir froh, daß wir einen Dichter wie Loris-Morren den unsern nennen dürfen, Morren, von dem ich mit seinen eigenen, dem Andrea in den Mund gelegten Worten mit Beziehung auf Schablonen- und Traditionswirtschaft sagen kann:

> Ich bin ihm dankbar; er hat mich gelehrt,
> Wie sehr man frevelt, wenn man Totes nährt!

Karl Krauss.

—

Die Hinweise auf die literarische Situation Wiens, die Karl Kraus in der Einleitung zu dieser 1892 erschienenen Besprechung[1] flüchtig skizziert, gehören in ein Kapitel aus dem literarischen Leben der Donaumonarchie, dessen Anfänge nicht in der Hauptstadt selbst, sondern in dem nördlich gelegenen Industriezentrum Brünn liegen. Es handelt sich dabei in der Hauptsache um eine Bewegung zur Förderung der naturalistischen Literatur, besonders der Dramen Ibsens, eine Gruppe, die sich mühte, modernen Autoren zur Anerkennung zu verhelfen und ihre Werke einem weiteren Kreis zugänglich zu machen. Als Begründer dieser

Bewegung galt ein wohlhabender, sozialistisch gesinnter junger Mann namens Eduard Michael Kafka. Zusammen mit anderen Ibsen-Verehrern, die sich um ihn versammelt hatten – »junge Kerls [...] mit der nötigen Portion Schneidigkeit ausgerüstet«, wie er sie in einem Brief vom 19. Juli 1889 an Hermann Bahr beschreibt[2] – hatte er anfangs des Jahres eine »realistisch-literarische Gesellschaft: Ibsenbund« gegründet. Wenn Kafka und sein Kreis von der Presse auch als »Schw-Ibsianer« bewitzelt wurden, konnten sie doch auf einige konkrete Erfolge verweisen, wie Kafka dem persönlich noch unbekannten Bahr, der sich zu der Zeit in Paris aufhielt, weiter berichtete: »Zumal auf das *Theater* erlangten wir bestimmenden Einfluß, und die Aufführung einer Reihe von Stücken *moderner* Autoren, insonderheit aber der Erfolg von Ibsens ›Nora‹, eröffnete unseren Bestrebungen neue Kreise und erwarb uns neue Freunde in großer Zahl.«

Von diesen Ereignissen ermutigt, begründete Kafka noch im gleichen Jahr die Zeitschrift ›Moderne Dichtung. Monatsschrift für Literatur und Kritik‹, für die er neben Bahr eine Anzahl naturalistischer Schriftsteller (u. a. Bölsche, Hauptmann und Liliencron) zur Mitarbeit gewann und die, von Rudolf Rohrer verlegt, vom 1. Januar 1890 an in Brünn erschien.

Schon im Herbst des gleichen Jahres zog Kafka nach Wien, wo von der neuen Kunst nur wenig zu spüren war und wo seine Pläne für die Verbreitung moderner Literatur weiter Gestalt annehmen konnten. Mit dem zwölften Heft (1. Dezember 1890), stellte die ›Moderne Dichtung‹ ihr Erscheinen ein, aber nur um in veränderter Form, nämlich als ›Moderne Rundschau. Halbmonatsschrift‹, am 1. April 1891 in Wien ihr Leben fortzusetzen. In einem Einleitungsessay legten Kafka und sein Mitherausgeber, Jacques Joachim, das erweiterte Programm der jetzt von Leopold Weiss verlegten Zeitschrift vor:[3] »Die Revolution des *Modernismus* erstreckt sich auf alle Gebiete unseres geistigen und materiellen Lebens; aber nur aus der Darlegung der sozialen Zusammenhänge können wir ein Bild der gewaltigen Erneuerungen gewinnen, welche diese Revolution auf jedem einzelnen Gebiete hervorgerufen hat. Dies ist der Grund, warum wir den Rahmen unserer Zeitschrift so ansehnlich erweitert haben. Die ›*Moderne Dichtung*‹ hat ausschließlich das *literarische* Leben, die Strömungen des modernen Geistes auf literarischem Gebiete in den Kreis ihrer Betrachtung gezogen, die ›*Moderne Rundschau*‹ tritt mit der Absicht auf den Plan, ein Spiegel des *gesamten* modernen Lebens zu sein.«

Etwa drei Monate später, am 8. Juli, trafen sich neunundvierzig »Moderne« im Souterrainlokal des Hotel de France zu einer konstituierenden Versammlung und begründeten die Wiener ›Freie Bühne, Verein für moderne Literatur‹. Als Obmann wurde aber nicht Kafka, sondern Friedrich Fels, ein norddeutscher Student gewählt, der sich auch als Journalist betätigte.

Man plante viel, versammelte sich oft und brachte wenig zustande. Über Anfang und Ende der Wiener ›Freien Bühne‹ sowohl wie über letzte Versuche, das Unternehmen irgendwie am Leben zu erhalten, konnte der ehemalige Obmann schon Anfang 1892 berichten:[4] »Über Mangel an gutem Willen [...] konnte man sich kaum beklagen, damals als die Freie Bühne hier begründet wurde; und wenn die in jenen vorbereitenden Versammlungen gegebenen Versprechen überhaupt hätten in Erfüllung gehen können, besäße Wien jetzt ein Theater, auf dem, neben der modernsten Dramatik, auch die modernste Schauspielkunst zuhause wäre. Begeisterung, Phantastik und Unkenntnis der tatsächlichen Verhältnisse – die Kennzeichen der damaligen Gründer. Man rechnete mit einem ungeheuern Mitgliederstand,[5] obwohl rein künstlerischen Angelegenheiten Wien nie Sympathie entgegengebracht hat. Man rechnete mit Schauspielkräften erster Bühnen, obwohl deren starke Beschäftigung, sowie die Stellungnahme der Direktoren, neuen Erscheinungen gegenüber, gewiß kein Recht darauf gaben. [...] Man wähnte, [...] die Aufmerksamkeit auf einen Verein lenken zu können, den keine ›Patronessen‹ und kein Garantiefond, kein feuilletonberühmter Vorstand und kein hocharistokratischer Ehrenpräsident der bewundernden Mitwelt verklärend hoben. Denn, zu allem übrigen, wurde die Leitung einem fünfzehnköpfigen Ungeheuer von Ausschuß[6] anvertraut, von dem jeder sein eigenes Programm mitbrachte und immer einer noch jünger und unbekannter war als der andere. [...] Allerdings zögerte der Ausschuß nicht, seine Aufgabe mit möglichster Energie in Angriff zu nehmen. Er richtete ein Lesezimmer ein,[7] das nicht besucht wurde, plante Vorlesungen, von denen nur eine zustande kam,[8] mietete ein Theater und nahm Stücke an, zu deren Aufführungen außer einem Regisseur und den Schauspielern [...] nur wenig mehr fehlte.[9] Die Presse stand, wie vorauszusehen, dem Unternehmen von vornherein feindlich gegenüber,[10] und das Publikum zeigte die gewöhnliche Teilnahmlosigkeit [...]. Das Jahr ging zur Neige, ohne daß etwas geschehen wäre. Aussichten für die Zukunft waren nicht vorhanden. So legte man der Generalversammlung zwei Anträge vor, einen auf Auflösung und einen auf Umwandlung des Vereins. Sie entschied sich für den letzteren: aus der Freien Bühne ist ein ›Verein für modernes Leben‹ erstanden. Das Programm ist vereinfacht: Theatervorstellungen sollen nicht mehr angestrebt werden, und es ist erweitert: auch Musik und bildende Kunst sollen beigezogen werden, zu Vorträgen und eventuell zu Ausstellungen. Ob auf diesem Wege ein günstiges Resultat zu erzielen ist, muß erst die Zukunft zeigen.«[11]

Von der Wiener ›Freien Bühne‹, ganz gleich in welcher Form, war ein Jahr nach ihrer Begründung nicht mehr die Rede. Wie Kraus in der Rezension berichtet, war auch »die treffliche Zeitschrift [...] vor nicht langer Zeit eingegangen«, und zwar am 15. Dezember 1891. Die von Anton Bauer begründete ›Wiener Literatur-Zeitung‹, auf die Kraus seine Hoffnungen für die Zukunft setzte, hatte zwar am Anfang des Jahres die erste Veröffentlichung von Kraus gebracht[12] und druckte ein Jahr später Hofmannsthals Ibsen-Studie,[13] doch ist sie im Vergleich zu Kafkas ›Moderner Rundschau‹ für die jungen Wiener von geringer Bedeutung.

Obwohl Hofmannsthal im Ausschuß der Wiener ›Freien Bühne‹ saß, scheint er sich herzlich wenig für die verschiedenen Veranstaltungen interessiert zu haben. Ihm war die Mitarbeit an den Zeitschriften wichtiger. Ende 1890 schrieb er, den Stil der frühen Naturalisten geschickt nachahmend, an den Herausgeber der ›Modernen Dichtung‹:[14] »Herr Redakteur! Ihr Blatt ist der Vereinigungspunkt für eine stattliche Zahl bedeutender Vertreter des ›jüngsten‹ Deutschland, Männer des Kampfes, ringend nach neuen, lebensvollen Formen, dem lebensquellenden Ausdruck, der ungeschminkten subjektiven Wahrheit, der Befreiung von konventioneller Lüge in ihren tausend tödlichen Formen. Vielleicht verraten die beiliegenden poetischen Kleinigkeiten, daß auch ein Namenloser wie ich ein gut Teil dieser künstlerischen Kämpfe still für sich durchkämpfen, durchgekämpft haben kann und vielleicht erwirbt ihnen dieser Umstand, wenn auch sonst keiner, eine Aufnahme in die Spalten Ihres Kampfblattes.«

Kafka, der schon in der ›Modernen Dichtung‹ ein Gedicht von Hofmannsthal abgedruckt hatte,[15] forderte den jungen Wiener dazu auf, Bourgets ›Physiologie de l'amour moderne‹ zu rezensieren. Schon am 8. Februar 1891 erschien der Beitrag – es ist Hofmannsthals erste Prosa-Veröffentlichung – in der gemeinsam von Kafka und Leo Berg in Berlin herausgegebenen Zeitschrift ›Die Moderne‹.

Solange die ›Moderne Rundschau‹ existierte, zählte Hofmannsthal zu den bedeutendsten Mitarbeitern. Zwei kleinen Stücken im ersten Heft, einem Nachdruck des Gedichts ›Frage‹ und einer Todesanzeige für Théodore de Banville, folgten »einiges über moderne französische Literatur und über Hermann Bahr«: eine Rezension von Bahrs ›Die Mutter‹ (15. April), ›Das Tagebuch eines Willenskranken‹ (15. Juni) und ›Maurice Barrès‹ (1. Oktober). Außerdem lieferte Hofmannsthal noch ein langes Gedicht, ›Sünde des Lebens‹ (1. Juli), eine Prosaskizze, ›Bilder‹ (15. Juni) und, in den zwei letzten Heften, ›Englisches Leben‹ (1. und 15. Dezember). Das Dramolett ›Gestern‹, das in zwei Teilen am 15. Oktober und am 1. November in der Zeitschrift erschien, wurde gleichzeitig vom Verlag der ›Modernen Rundschau‹ in bescheidener Ausstattung als Büchlein veröffentlicht.

Vertrat Kafkas ›Moderne Dichtung‹ hauptsächlich den Naturalismus, so betonte die ›Moderne Rundschau‹ das Nebeneinander verschiedener Richtungen. In seinem Einleitungsvortrag wies der Obmann der ›Freien Bühne‹ auf die Vielfalt der modernen Literatur hin und versprach für die geplanten Theaterabende nur künstlerisch Gelungenes, »sei es nun naturalistisch oder neuidealistisch, symbolistisch oder impressionistisch«.[16] Als es endlich so weit war, daß ein Drama aufgeführt werden konnte, entschloß man sich zu einem Stück von Maeterlinck, das Bahr mit einem Vortrag einführte. Bahr eignete sich vortrefflich dazu. Er hatte bereits über den belgischen Dichter einen langen Aufsatz veröffentlicht,[17] und in Wien war er wohl derjenige, der die »Überwindung des Naturalismus« am eifrigsten predigte. Er hatte sich zwar frühzeitig für Ibsen eingesetzt und der ›Modernen Dichtung‹

eine lange Reihe von Beiträgen geliefert; doch, da er, »der echteste Andrea der Literatur«, allem Neuen und Modischen sehr offen war, hatte er seinen Enthusiasmus für den Naturalismus schnell verloren und sich moderneren Erscheinungen, vor allem Maeterlinck und dem Symbolismus, zugewandt. So kam es bald nach Bahrs Ankunft in Wien, April 1891, zum Bruch mit Kafka und der ›Modernen Rundschau‹. Lediglich zwei kleinere Beiträge von ihm wurden von der Zeitschrift angenommen,[18] seine neuen Buchveröffentlichungen hingegen mußten sich scharfe Kritik gefallen lassen. Übrigens waren Kafkas Äußerungen über Bahrs Aufsatzsammlung »Die Überwindung des Naturalismus« denen von Kraus nicht unähnlich:[19] »Erst, wenn er [der Naturalismus] in diesem Kampfe siegreich triumphiert hat, wird die Zeit für ihn gekommen sein, ins Grab zu steigen. Seine Totengräber von heute werden sich noch ein wenig gedulden müssen. Der Naturalismus wird erst überwunden sein, nachdem seine Hilfe die gegenwärtige Gesellschaftsordnung zerstört und vernichtet haben wird.« Und mit einem spöttischen Seitenhieb auf die zahlreichen neuen Buchveröffentlichungen Bahrs schreibt er weiter:[20] »Man braucht sie nur neben einander zu stellen. ›Die gute Schule‹, ›Fin de siècle‹, ›Die Mutter‹, ›Die Überwindung des Naturalismus‹, nichts weiter und sofort kann man sich das ›dunkle Geheimnis‹ des Anti-Naturalismus: *Die gute Schule des Fin de siècle als die Mutter der Überwindung des Naturalismus,* entschleiern.«

Zu Bahrs Entdeckungen gehörte neben Maeterlinck auch das junge Talent, das sich Kraus zum Lieblingsdichter erwählt hatte. Schon in seiner ersten Veröffentlichung über Hofmannsthal, die im Januar des Jahres erschien,[21] in dem auch Kraus über Hofmannsthal schrieb, spiegelt sich seine grenzenlose Begeisterung für den jungen Wiener. Obwohl Bahr dort Hofmannsthal eigentlich zu der Schule Maeterlincks rechnet, läßt er die Frage nach der bestimmten Kunstrichtung des Dramas noch offen:[22] »Das geschwinde, flüchtige Gedicht heißt bald das definitive Werk des Naturalismus, bald der Erstling jener künftigen Kunst, die den Naturalismus überwunden haben wird, bald die Wiedergeburt des klassischen Stils, von dem man sich überhaupt niemals entfernen dürfte – jeder findet seine Kunst darin, die Formel seiner Schönheit. Und es wird wohl eines ebenso richtig sein als das andere.« Ein halbes Jahr später, zur gleichen Zeit, da Kraus versuchte, Hofmannsthal für den Naturalismus zu gewinnen, veröffentlichte Bahr eine Studie, in der er zwei Gedichte Hofmannsthals als »handliche Schulbeispiele« des Symbolismus anpreist.[23]

Die frühe Verehrung Hofmannsthals und seiner Kunst, wie sie in der hier abgedruckten Besprechung von ›Gestern‹ zum Ausdruck kommt, tritt ein zweites Mal hervor, und zwar in einer Rezension von Bierbaums ›Modernem Musenalmanach auf das 1894‹.[24] Doch diese neue Phase der Beziehung sei der Fortsetzung unserer Dokumentation vorbehalten.

Anmerkungen

1. Karl Kraus: Gestern. Studie in einem Akt in Reimen von Theophil Morren, in: Die Gesellschaft. Monatsschrift für Literatur, Kunst und Sozialpolitik. Leipzig. Jg. 8, Nr. 6 vom Juni 1892, S. 799–801. – Der Abdruck erfolgt mit freundlicher Genehmigung von Herrn Professor Heinrich Fischer, München.

2. Das Original befindet sich im Bahr-Archiv der Österreichischen Nationalbibliothek, Wien. Mein Dank gilt Herrn Heinrich Bauer für die Erlaubnis, Stellen aus dem Brief hier abzudrucken.

3. Gesellschaftliche Zusammenhänge, in: Moderne Rundschau, III, 1 (1. April 1891), S. 2. (Die Bandzahl »III« auf dem ersten Heft der Zeitschrift läßt sich dadurch erklären, daß die ›Moderne Rundschau‹ als Fortsetzung der ›Modernen Dichtung‹, von der zwei Bände zu je sechs Heften erschienen waren, fortlaufend numeriert wurde.)

4. Friedrich Fels, Wiener Brief, in: Freie Bühne für den Entwicklungskampf der Zeit, III, 2 (Februar), S. 197–198.

5. Mitte Juli 1891 war die Zahl der Mitglieder auf hundertachtzehn gestiegen. Am ersten Veranstaltungsabend – vgl. Anmerkung 8 – sollen zweihundertvierzig Personen teilgenommen haben.

6. Zum Ausschuß an sich gehörten nur sieben Mitglieder: zwei Redakteure von der ›Wiener Allgemeinen Zeitung‹, Heinrich Osten und Ernst Lohwag; ein Schriftsteller, Emil Mark (Mitbegründer der literarischen ›Geschlossenen Gesellschaft‹); ein Maler, Wilhelm Vita (Obmann des Wiener Künstlerklubs); ein Journalist und Reichsratabgeordneter, Engelbert Pernerstorfer; und drei Dichter aus dem Griensteidl-Kreis: Felix Salten, Schnitzler und Hofmannsthal. Zum Vorstand gehörten, neben dem Obmann Fels: Edmund Wengraf, Feuilletonredakteur und Burgtheaterreferent der ›Wiener Allgemeinen Zeitung‹, und Hermann Fürst, Redakteur des ›Neuen Wiener Tagblatts‹, als Obmannstellvertreter, ein Schriftsteller, Robert Fischer, und Kafka als Schriftführer; Jacques Joachim als Kassier; Julius Kulka, Theaterreferent für die Zeitschriften Kafkas, als Bibliothekar. Im ganzen also fünfzehn Personen; aber schon im Oktober 1891 waren Osten, Vita, Pernerstorfer, Wengraf und Fürst von ihren Ämtern im Vorstand zurückgetreten.

7. Im »provisorischen Vereinslokal«, das im Cafe zur goldenen Kugel, Am Hof 11, eingerichtet wurde.

8. Als »Erster geselliger Abend« bezeichnet, fand diese Veranstaltung am 28. Oktober im kleinen Sofiensaal statt. Nach einem Vortrag von Fels, ›Die Moderne‹, lasen die Hofschauspieler Georg Reimers und Max Devrient Gedichte von Karl Henckell, Felix Dörmann, Konrad Nies, J. J. David und Schnitzler.

9. Im Oktober 1891 hatte der Vorstand der Wiener ›Freien Bühne‹ mit dem Direktor einen Vertrag zur Miete des Carltheaters für Vereinsvorstellungen abgeschlossen. Als erstes wollte Kafka entweder Hauptmanns ›Friedensfest‹ oder ein Stück von Bahr aufführen. Für die Folge nahm er Schnitzlers ›Märchen‹ und J. J. Davids ›Hagars Sohn‹ ernstlich in Aussicht.

10. Als Beispiel für die Haltung der Presse den Freibühnlern gegenüber möge ein Zitat aus einem Bericht von Hugo Klein über den ersten Vortragsabend (›Wiener Tagblatt‹, 29. Oktober 1891) dienen: »Außer den jugendlichen Genies [...] sah man noch

einige Blaustrümpfe mit mächtigen Zwickern auf der Nase; die durchsichtigen Voiles, welche Arm und Brust umhüllten, ließen Reize sehen, die nicht da waren – ein höchst bedauerliches Symptom, daß es mit der naturalistischen Üppigkeit nicht weit her ist.«

11. Der Wiener ›Verein für modernes Leben‹ konnte nur zwei wenig gelungene Vortragsabende und einen sehr unerfreulichen Theaterabend aufweisen. In einem Brief an Richard Beer-Hofmann vom 11. März 1892 (das Original befindet sich in der Beinecke Library, Yale University) äußert sich Schnitzler sehr negativ über einen Vortragsabend, der entweder Ende Februar oder Anfang März stattfand. Aus dem Band ›Fin de siècle‹ las Bahr ›Die treue Adele‹ vor. Zwei Schauspieler vom Deutschen Theater, Julius Meixner und Max Pollandt, trugen ›Das Kaffeehaus‹ von Salten und Parabeln von E. M. Kafka, wie auch Gedichte von Heinrich von Korff, Liliencron, Schnitzler und Hofmannsthal vor. Trotz des hier erwähnten Beschlusses, von Theatervorstellungen abzusehen, wurde Maeterlincks ›L'intruse‹ am 2. Mai 1892 im Theater in der Josefstadt aufgeführt.

12. Eine Rezension von Hauptmanns ›De Waber‹, III, 4 (April 1892), S. 19 – 20.

13. ›Die Menschen in Ibsens Dramen. Eine kritische Studie von Loris‹, IV, 1 (1. Januar 1893), S. 12 – 13; IV, 2 (15. Januar 1893), S. 7 – 9; IV, 3 (1. Februar 1893), S. 10 – 11.

14. Werner Volke, Hugo von Hofmannsthal in Selbstzeugnissen und Bilddokumenten, Rowohlt Taschenbuch Verlag, Reinbek bei Hamburg 1967, S. 21.

15. Sturmnacht, II, 5 (1. November 1890), S. 718.

16. Friedrich Fels, Die Moderne, in: Moderne Rundschau, IV, 3 (1. November 1891), S. 81.

17. Maurice Maeterlinck, in: Das Magazin für Literatur, LX 2 (10. Januar 1891), S. 25 – 27.

18. Vorsatz, III, 5 – 6 (15. Juni 1891), S. 178 – 180 und Die Revolution Bonn in Wien, III, 7 (1. Juli 1891), S. 285 – 286.

19. Der neueste Bahr, in: Moderne Rundschau, III, 5 – 6 (15. Juni 1891), S. 222.

20. Die allerneueste Phase, in: Moderne Rundschau, IV, 2 (15. Oktober 1891), S. 67.

21. Loris, in: Freie Bühne für den Entwicklungskampf der Zeit, III, 1 (Januar 1892), S. 94 – 98.

22. Ebenda, S. 97.

23. Symbolismus, in: Die Nation. Wochenschrift für Politik, Volkswirtschaft und Literatur, IX, 38 (18. Juni 1892), S. 576 – 577.

24. In: Der Zuschauer. Halbmonatsschrift für Kunst, Literatur und öffentliches Leben, II, 1 (1. Januar 1894), S. 33–36.

HOFMANNSTHAL UND EFRAIM FRISCH

ZWÖLF BRIEFE 1910–1927

Mitgeteilt und eingeleitet von MAX KREUTZBERGER

Hofmannsthals Partner in dem hier erstmals publizierten Briefwechsel, Efraim Frisch, wurde am 1. März 1873 in Stryj am Rand der Waldkarpaten geboren und besuchte als Sohn deutschsprachiger jüdischer Eltern das k. k. Rudolf-Gymnasium in Brody, der stark deutsch geprägten Kultur- und Handelsstadt an der Nordostgrenze Galiziens. Er studierte in Wien, Berlin und Kiel Jura, Philosophie, Kunst- und Literaturgeschichte. Durch erfolgreiche literarische und kritische Tätigkeit, besonders aber nach Erscheinen seines noch heute eindrucksvollen Romans ›Das Verlöbnis‹ (S. Fischer Verlag 1902 mit Vorabdruck in der ›Vossischen Zeitung‹), erwarb er sich einen angesehenen Namen. 1904 wurde er von Max Reinhardt als Regisseur und Dramaturg an das Deutsche Theater berufen, eine Tätigkeit, die er bis 1909 ausübte. Als Frucht jener Jahre veröffentlichte er 1911 ein Buch ›Von der Kunst des Theaters‹ im Verlag Georg Müller, dessen leitender Lektor er bereits 1910, nach seiner Übersiedlung nach München, geworden war. Anfang 1914 gründete er die Zeitschrift ›Der neue Merkur‹ und übernahm deren Redaktion. Durch Einberufung zum Militär wurde das Erscheinen zwar im Jahre 1916 unterbrochen, aber bald nach Beendigung des Krieges in eigenem Verlag wieder aufgenommen, 1919–1923 in Zusammenarbeit mit Wilhelm Hausenstein. 1925 ging trotz verschiedener Rettungsversuche das kühne und selbstlos geführte Unternehmen ein.

›Der neue Merkur‹ war wohl die repräsentativste literarisch-philosophisch-politische Zeitschrift der zwanziger Jahre. In dieser entscheidenden Zeit der Weimarer Republik wußte Frisch zahlreiche wichtige Figuren des geistigen Deutschlands und darüber hinaus um sich zu versammeln. Es gab kaum einen bedeutenden Namen, mit dessen Träger er nicht in brieflichem Kontakt stand. Ein Strom von Ideen ging von ihm zu seinen Beiträgern – er war der ideale, kenntnisreiche Redakteur, der unermüdlich seine Netze auswarf. Thomas und Heinrich Mann, Martin Buber und Oskar Loerke, Robert Musil und Ernst Bloch, Rudolf Borchardt und Franz Kafka, Bertolt Brecht und Alfred Döblin, um nur einige zu nennen, waren Mitarbeiter der Zeitschrift. Hugo von Hofmannsthal beobachtete ihr Schicksal mit großer Anteilnahme; zu einem Beitrag von seiner Seite ist es trotz mehrfacher Einladung allerdings nicht gekommen.

Die Redaktionskorrespondenz des ›Neuen Merkur‹ ist eine der wenigen der Zeit, die sich fast vollständig erhalten hat. Etwa 4000 Briefe liefern ein genaues Bild der Verhältnisse und geben Einblick in die seltene Herausgeberbegabung von Efraim Frisch. Wie Martin Buber hatte ihr aus österreichischem Grenzland stammender jüdischer Gründer und Redakteur ein besonderes Feingefühl für die Tastatur der Sprache und die Probleme der Epoche. Hinzu kamen eine ungewöhnliche Bildung und ein kritischer Sinn, die ihre Anziehungskraft auch auf die eigenständigsten und wachsten Partner ausübten. Eine innige Freundschaft, die man bei der Verschiedenheit der Herkunft und Entwicklung kaum vermuten würde, verband Frisch ein Leben lang mit Christian Morgenstern; mehr als 200 Briefe geben davon Zeugnis.

›Der Neue Merkur‹ konnte dem Schicksal, das fast alle deutschen Kulturzeitschriften damals ereilte, nicht entgehen: Trotz größter Anstrengungen und persönlicher Verzichte ließ sich kein genügend breiter Leserkreis gewinnen und damit auch keine finanzielle Basis; die »goldenen« zwanziger Jahre waren nicht so golden, als man sie durchlebte.

Nach dem Untergang des ›Neuen Merkur‹ blieb Frisch ständiger Mitarbeiter der ›Frankfurter Zeitung‹, wurde Übersetzer moderner französischer Literatur, insbesondere von Jean Giraudoux und Jean Cocteau. 1927 erschien bei Bruno Cassirer sein zweiter Roman ›Zenobi‹, der 1959 von Karl Otten in dem Sammelband ›Das leere Haus – Prosa jüdischer Dichter‹ neu herausgegeben wurde. 1929 zog Frisch wieder nach Berlin, wo er an der ›Europäischen Revue‹ mitarbeitete, die Karl Anton Rohan herausgab und für welche Hofmannsthal ebenfalls reges Interesse zeigte. Auch diese Tätigkeit sollte aber nicht von langer Dauer sein: Im Winter 1932/33 übersiedelte Frisch in die Schweiz nach Ascona, wo er sich schon des öfteren aufgehalten hatte. Hier wandte er sich vornehmlich jüdischen Forschungen zu und einem neuen, mit dem jüdischen Zeitgeschehen verflochtenen Roman ›Gog und Magog‹, der leider unvollendet blieb. So weit es die politischen Umstände in der Schweiz und in Deutschland gestatteten, blieb er Mitarbeiter der ›Frankfurter Zeitung‹, späterhin Mitarbeiter der von Thomas Mann mitbegründeten Zeitschrift ›Maß und Wert‹, wo 1939 seine Besprechung des Briefwechsels zwischen George und Hofmannsthal erschien. – Am 26. November 1942 ist er im Exil gestorben.

Sowohl der umfangreiche Nachlaß als auch die Redaktionskorrespondenz des ›Neuen Merkur‹ wurden von seiner Witwe Fega Frisch, einer bedeutenden Übersetzerin besonders aus dem Russischen, dem ›Leo Baeck Institute‹ in New York übergeben. Angeregt durch diesen Nachlaß und im wesentlichen auf Grund seiner Bestände, veröffentlichte Professor Guy Stern, Cincinnati, unter dem Titel ›Zum Verständnis des Geistigen‹ eine Auswahl der besten Essays von Efraim Frisch (Verlag Lambert Schneider, Heidelberg 1963), ferner die Sammlung ›Konstellationen. Die besten Erzählungen aus dem Neuen Merkur 1914–1925‹ (Deutsche Verlags-

Anstalt, Stuttgart 1964). Eine Monographie Guy Sterns, welche die Redaktions-korrespondenz erschließen wird und damit auch die Geschichte des ›Neuen Mer-kurs‹, erscheint 1971 unter dem Titel ›War, Weimar, and Literature. The Story of the *Neue Merkur, 1914–1926*‹ in der Pennsylvania State University Press, Univer-sity Park (Pennsylvania).

—

Der folgende Briefwechsel Frisch – Hofmannsthal, der mit freundlicher Geneh-migung des Leo Baeck Institute, New York, und der Erben Hofmannsthals ver-öffentlicht wird, ist leider nicht vollständig. Ein von Frisch selbst verloren geglaub-ter wichtiger Brief Hofmannsthals aber, der sich grundsätzlich mit dem Problem des Anschlusses Österreichs an Deutschland befaßt, hat sich zum Glück erhalten. Er nimmt wohl in der Gesamtkorrespondenz einen besonderen Platz ein, da sich der Dichter sonst selten zu Tagesfragen der Politik so ausführlich äußerte. Aber das Schicksal Österreichs nach dem Ersten Weltkrieg war für ihn nicht eine poli-tische Frage unter anderen, sondern sie berührte den Kern seines Daseins. Hof-mannsthals Stellungnahme vom 10. Juni 1919 ist der konsequente Ausdruck einer Haltung, die der Dichter schon am 10. Juli 1917, unmittelbar nach seiner Pragreise, in einem Brief an Eberhard von Bodenhausen eingenommen hatte, als er dem Freund nach Deutschland schrieb: »Ihr habt ja keine Ahnung da draußen in Eurem geschichtslosen, ganz momentanen Dasein, was in diesem Österreich jetzt vorgeht, Volk gegen Volk mitten in der gemeinsamen schweren Not, und die Rechnung vom Jahrhundert präsentiert und die Verknüpfungen und Verschuldungen von Jahrhunderten – Gegenwart und bereit, Blut zu fordern. Dies, dies ist jetzt die Agonie, die eigentliche, des tausendjährigen heiligen römischen Reiches deutscher Nation, und wenn aus diesem Kataklysma nichts hervorgeht und in die Zukunft hinübergeht als das *neue* Reich, vermehrt um ein paar Millionen Deutsch-Öster-reicher, nichts als ein glatter, platter Nationalstaat – was das alte Reich nie war, es war unendlich mehr, es war ein *heiliges* Reich, die einzige Institution die auf Höhe-res als auf Macht und Bestand und Selbstbehauptung gestellt war – dann ist für mein Gefühl, der Heiligenschein dahin, der noch immer, freilich so verblichen und geschwächt, über dem deutschen Wesen in der Welt geleuchtet hat.« (MESA, edited by Herbert Steiner, number one, autumn 1945, p. 34. – Verbessert auf Grund des Originals im Schiller-Nationalmuseum, Marbach a. N.)

—

[F 1]   z. Zt. München,
                                         Veterinärstr. 6ª p. r.
                                         9. Oktob. 1910[1]

Sehr verehrter Herr von Hofmannsthal,

ich löse gern mein Versprechen ein und schicke Ihnen hier ein Exemplar
des Dialoges »Von der Kunst des Theaters«.[2]

So wenig Sinn es haben mag, einem Ding, das gemacht ist für sich selbst
zu reden, eine private Nachrede anzuhängen, so will ich doch Ihnen gegenüber nicht unerwähnt lassen, daß manche Härten und scheinbare Überconse-
quenz von mir hätte vermieden werden können, wenn es mir weniger drum
zu thun gewesen wäre, in ein Verworrenes, wie das Theater, Ordnung zu
bringen, als seine Complicirtheit darzustellen. Und da alle Vereinfachung
Abbreviatur ist, so mag es zuweilen so aussehen, als hätte ich manchen Wert
u. Reiz nicht genug, oder gar nicht gefühlt.

Ohne mit Bescheidenheit prunken zu wollen, will ich noch sagen, daß mich
das Buch, wie es nun geworden ist, nicht sehr freut, und ich warte auf eine
Gelegenheit, Manches, das sich hier nur schlecht oder vielleicht allzu miß-
verständlich hätte hineinbringen lassen, mit mehr Freiheit auszusprechen.
Wenn ich dennoch nicht bereue es geschrieben zu haben, so ist es mein Gefühl, einen ernsten u. doch wohl nicht ganz mißlungenen Versuch gemacht
zu haben, den einfachen Sinn des Theaters zur Geltung zu bringen. Und dies
erscheint mir, trotz der Lebhaftigkeit, mit welcher so viele Menschen heute
auf alles Neue eingehen, oder gerade deshalb nicht ohne Nutzen zu sein,
denn nichts ist für eine Kunst gefährlicher als jene Freunde die von ihr, wie
von einem Weibe jeden Reiz wollen, aber sehr ungehalten sind, wenn ihrem
gesteigerten Reizbedürfnis nicht mehr entsprochen werden kann.

Für eine Zeile von Ihnen nach der Lektüre wäre ich in jedem Falle sehr
dankbar.

Mit dem Ausdruck der Verehrung und mit besten Grüßen verbleibe ich

                         Ihr sehr Ergebener

[F 2]   den 5. März 1919.[3]

Sehr geehrter Herr von Hofmannsthal,

Ich überreiche Ihnen das eben erschienene Sonderheft des Neuen Merkur
›Der Vorläufer‹ und bitte um freundliches Interesse für unsere Zeitschrift,

                                                            359

die vom April an regelmäßig erscheinen wird. [4] Ich wäre Ihnen sehr dankbar, wenn Sie mir für eines der nächsten Hefte einen Beitrag anbieten wollen und begrüße Sie   als Ihr ergebener
Efraim Frisch

[H 1]   Rodaun 19. III. 1919 [5]

Sie wissen ja, wie äußerst selten ich in der letzten Zeit zu schreiben trachte. (Nicht der dichterische Versuch, den ich ja nicht unterdrücken kann ... sondern der Versuch, zu reden, etwas in diese Verwicklungen herein zu sagen ... es scheint mir für meine Person un-möglich.) ... Sind Sie in Berührung mit Gustav Landauer? Denn seine Flugschrift in die Hand zu bekommen, hat mich wirklich belebt. [6] Vielleicht ist es Träumerei, Wagnis – ja, aber es ist das Einzige, das Einzige, dem das ermüdete Herz zufliegt ...

[F 3]   22. Mai 1919. [7]

Sehr verehrter Herr von Hofmannsthal,

Müller-Hofmann, der morgen nach Wien reist und über dessen Berufung auch ich mich sehr freue, wird Ihnen Grüße überbringen und Ihnen mancherlei aus München erzählen können. [8] Ihre Karte über Paul Eisner habe ich erhalten und danke Ihnen für Ihr Interesse. Ich habe aber bis jetzt noch kein Manuskript von ihm bekommen. [9] Ich hoffe, daß Ihnen das neue Heft des ›Neuen Merkur‹ ebensogut gefallen wird, wie der ›Vorläufer‹. Ohne Sie irgendwie drängen zu wollen, möchte ich Ihnen doch gern nahelegen, für unsere Monatshefte, deren Qualität sich langsam aber sicher durchsetzt, etwas über Deutsch-Österreich zu schreiben. Ludo M. Hartmann, den ich gelegentlich hier sprechen konnte, hat mit Nachdruck darauf hingewiesen, daß von beiden Seiten die Frage der Vereinigung mit nicht genügender Wärme, ja mit Kühle und Zurückhaltung in der Öffentlichkeit traktiert wurde. [10] Die üblichen Presseäußerungen sind ja fast wirkungslos. Es würde von stärkstem Eindruck sein, wenn jemand wie Sie, verehrter Herr von Hofmannsthal, ein Wort darüber sagt. Vielleicht entschließen Sie sich dazu, ich wäre Ihnen im Namen Vieler herzlich dankbar.

Mit besten Grüßen
Ihr sehr ergebener
Efraim Frisch.

360

Sehr geehrter Herr von Hofmannsthal,

Ich lasse Ihnen mit gleicher Post das erste Buch unserer Reihe ›Bücher des Neuen Merkur‹: Das Geschlecht Habsburg von Erich von Kahler, das soeben erschienen ist, zugehen. [12] Das Werk ist so ungewöhnlich in jeder Beziehung: gestaltet und historisch fundiert zugleich, ein wirklich künstlerisches Gebilde. Ich bin sicher, daß es Ihr Interesse erregen wird. Vielleicht nehmen Sie Gelegenheit, ein Wort darüber zu sagen.   Mit besten Grüßen

Ihr sehr ergebener

Efraim Frisch.

[H 2]   Rodaun, am 10. VI. 1919. [13]

Mein lieber Efraim Frisch!

Ihren freundlichen Brief vom 22. V. habe ich vor einer Woche erhalten und seitdem über die Sache ernstlich nachgedacht.

Das zweite Heft des »Neuen Merkur« ist offenbar verloren gegangen. Da ich aber an der Zeitschrift wirklich Anteil nehme, so wäre es mir recht lieb, wenn Sie so freundlich sein wollten, es mir nochmals schicken zu lassen. Dagegen habe ich die Arbeit von Kahler erhalten, und danke vielmals dafür, dass Sie so gut waren, mir dieses interessante Buch zu schicken. Zunächst war ich durch die Manieriertheit der Darstellung etwas erkältet, doch bei tieferem Eindringen verfliegt dies, und es ergibt sich, dass das Buch eben so sehr für den gegenwärtigen Zeitmoment in einer interessanten Weise symptomatisch ist, als es auch erstaunlich viel Geistreiches, Wahres und Giltiges enthält. Gewissermassen betroffen war ich davon, gewisse eigene Reflexionen über den österreichischen Volkscharakter mir hier so schlagend ausgedrückt entgegentreten zu sehen, die mir selbst, mitten in den Dingen mich bewegend, mir eigentlich erst in dieser letzten Krise erkennbar geworden waren. Es liegt hier gewiss eine sehr bedeutende Begabung für eine neue Art von Geschichtsschreibung vor. Darf ich Sie anknüpfend auf ein Buch hinweisen, das Sie vermutlich kennen, – wenngleich der Name Oswald Spengler beinahe zu meiner Überraschung mir unter Ihren Mitarbeitern fehlt. Es heisst: »Untergang des Abendlandes« Umrisse einer Morphologie der Weltgeschichte und ist 1918 bei Braumüller erschienen.

Wenn ich nun, gegenüber dem wiederholt von verschiedenen Seiten geäusserten Wunsch, mich über das Problem des »Anschlusses« zu äussern, mein innerlich ablehnendes Verhalten begründen und rechtfertigen will, so bin ich in Verlegenheit.

Zunächst einmal ist mir die ganze Schreib- und Denkform des Essayismus, dieser zusammenhängenden, mehr oder minder gewandten Hinspinnung von Gedanken die immer nur eine so zu sagen formale Denkwahrheit, allerhöchstens eine augenblickliche Temperamentswahrheit haben, in einer Weise fragwürdig geworden, die Sie freilich als Herausgeber einer solchen Zeitschrift in sich keineswegs aufkommen lassen dürften. Jedenfalls für mich steht es so: Etwas in mir, das stärker ist, als ich selbst, mahnt mich, mehr und mehr, von diesem Beginnen ab, je öfter der Umstand es mir nahelegt. Ferner aber fällt es mir ungeheuer schwer, zu dem Problem selbst Stellung zu nehmen. Alles was an Agitation für den »Anschluss« vorgebracht wird, erscheint mir ganz flach und in Figuren wie L. H.[14] sehe ich recht eigentlich flache Köpfe, richtige Politiker im Zeitungssinn des Wortes, alle Dinge nur zweidimensional erfassend, denen das eigentlich Cörper- und Schicksalshafte der Probleme völlig entgeht.

Den Wust der ökonomischen Erwägungen, in denen ja keiner bis ans Ende sieht, wollen wir beiseit lassen. Desgleichen den öden Materialismus des Machtzuwachses durch das Hinzutreten von Millionen, ferner das national allzu Eindeutige, das angeblich Selbstverständliche, und so fort.

Mir erscheint, wie gesagt, nichts an und in diesen Dingen selbstverständlich. Die Frage steht für mich so: Nützt es dem deutschen Gesamtwesen wenn wir in seine körperliche gegenwärtige Form einschmelzen oder frommt ihm nicht mehr, wenn wir bei Seite bleiben? Sind ihm die deutschen Schweizer nicht eben als deutsche Schweizer ein beständiger Gewinn, ergibt sich nicht für die Zukunft Böhmens – und dieses Land aus der deutschen Zukunftsentwicklung auszuschalten erscheint mir geographisch wie historisch gleich unmöglich – eine möglichere, schwebendere Situation, wenn wir nebst den Schweizern, zwischen der Schweiz und Böhmen gelegen – aussen bleiben? Nähern uns diese, wenn auch noch so prekären Zwischenformen, möge unsere Generation noch so sehr darunter leiden, nicht einigermassen einer hoffnungsvollen, die festen Grenzen des Machtstaates überfliessenden Zukunftsform, als sie uns zugleich einer ehrwürdigen Form der Vergangenheit, dem alten Reich mit seinen fliessenden Grenzen, in dem alles auf geistiger Macht und Autorität, nichts auf dem Materialismus der Ziffer und des Vertrages gebaut war, näher bringen? Letztlich scheint mir dies zu bedenken: Ist nicht die ungeheure Zahl, sind nicht diese sechzig Millionen, oder gar siebzig und etwa bald achtzig, sind diese nicht schon ein furchtbares Problem sobald wir aus dem Kreise der despotisch oder patriarchalisch fundierten Kultur (China) heraustreten? Denkt man nicht viel zu wenig an die furchtbare Rückwirkung, die es auf das Ethos des Einzelnen übt, dass er einer so formidablen Masse angehört? Handelt es sich nicht darum, neue Spannungen zu schaffen und ist nicht die Sorge um ein ausserhalb des Reichsverbandes verbleibendes Österreich vielleicht eine fruchtbare Spannung?

Ich hatte gestern, als der größte Teil dieses Briefes schon geschrieben war, die neueste Broschüre von Rathenau (der Staat) in der Hand, und sah, dass Einiges von mir hier Gestreifte, dort auch angerührt wird. [15] Aber die Zusammenhänge sind dort anders. Immerhin ergibt sich aus dem Lesen dieser Broschüre, wie auch aus dem Gespräch mit jedem tiefer denkenden Deutschen, das Dilemma: An wen, im geistigen Sinn, haben wir uns anzuschliessen? An ein Gebilde welcher Struktur, welchen Willens, welchen Geistes, welchen Pathos – und hiemit habe ich mich vielleicht auch zum springenden Punkt hindurch gewunden. Ein neues völlig reines Pathos, sei es auch das einer Minorität, aber einer wirklich geistigen, würde uns vermutlich einsaugen wie ein Wirbel, alles andere ist Agitation, zweidimensionale Welt, »Politik«. Davon mich fernzuhalten, scheint mir das einzig Mögliche, wenngleich es dazu beiträgt, einen unbeliebt zu machen, oder in der Unbeliebtheit zu erhalten.

Aufrichtig der Ihre

Hofmannsthal

[F 5]   14. Nov. 1919. [16]

Sehr verehrter Herr Hofmannsthal,

Gerade als ich im Begriff war, auf Ihre Veranlassung hin an Pannwitz zu schreiben, kam sein Brief, in welchem er mir den Vorschlag machte, für den ›Neuen Merkur‹ über die Erzählung ›Die Frau ohne Schatten‹ etwas zu sagen. Ich habe ihm sofort geantwortet, daß es mir sehr willkommen wäre. [17] Das Buch habe ich in den letzten Tagen bekommen und freue mich auf die Lektüre. Ich persönlich habe es jedesmal beklagt, wie sehr Sie mit Ihren Texten für Strauss in der Beurteilung der Zeitungsmusikschreiber zu leiden haben und auch diesmal kehrt das wieder. So oft ich noch eine sogenannte Besprechung der Oper las, hieß es ungefähr »die Dunkelheiten des Hofmannsthal'schen Buches beeinträchtigten die Wirkung der Oper« und ähnliches Gerede. Ich sage es, weil ich selbst im Falle der Ariadne gerade den gegenteiligen Eindruck gehabt habe: daß die Schönheit der Dichtung just auf ihren Höhepunkten von der völlig von ihr wegstrebenden Strauss'schen Musik, wie mir schien, gestört und verdunkelt wurde.

Ihren Brief vom Juni habe ich erhalten. Er war mir sehr wertvoll. Unglücklicherweise ist er mir auf meiner Sommerreise (ich hatte ihn mitgenommen, um Ihnen von meinem Landaufenthalt aus schreiben zu können) irgendwie abhanden gekommen. Ich schrieb deshalb nicht, weil ich annahm, ihn bei meiner Rückkehr noch zu finden.

Ohne Sie drängen zu wollen, möchte ich es auch bei dieser Gelegenheit nicht unterlassen, Sie zu bitten, gelegentlich doch auch an einen Beitrag für den ›Neuen Merkur‹ zu denken: wäre es nicht gegeben, einmal über das Verhältnis des Dichters zum Musiker etwas zu sagen? Sie haben ja da Ihre Erfahrung. Mit besten Grüßen

Ihr sehr ergebener
Efraim Frisch.

[H 3]   Bad Aussee 3 VIII 22.[18]
                                                   in Steiermark
Lieber Efraim Frisch

dafür daß Sie mir die einzige lesbare deutsche Zeitschrift zuschicken lassen, bin ich Ihnen dauernd sehr verbunden. Ich finde immer einen, meist mehrere Artikel die mich anziehen u. dauernd beschäftigen. Im letzten Heft den flachen tageszeitungsmäßigen Artikel über Rathenau der Aufnahme gewürdigt zu sehen, wunderte mich.[19]

Es wird mir schwer Sie, den höchst Beschäftigten, mit einer persönlichen Bitte zu belästigen, doch weiß ich außer Ihnen niemand der mir helfen könnte, da alle bibliothekarischen Freunde versagen. Ich gebe ein deutsches Lesebuch heraus und will darin eine von den herrlichen Theaterkritiken bringen, die Clemens Brentano zu Anfang des XIX in Wien schrieb. Gedruckt, ausser in einer alten nicht auftreibbaren Theater-Zeitung, scheinen sie nicht zu sein,[20] ein druckfertiges Mpt. *soll* sich bei Georg Müller befinden, doch weiß ich nicht wie dort Zutritt finden –[21] Allein in der von Ihnen seinerzeit geleiteten schönen kleinen Zeitschrift »das Theater« war eine davon abgedruckt, [22] von dieser irgendwo Abschrift nehmen lassen zu dürfen, würde mir völlig genügen. Würden Sie mir helfen? Mir das Heft nachweisen, in öffentlichem oder privatem Besitz (die Wiener Hofbibliothek hat die Zeitschrift nicht) – ? – Ich wäre Ihnen so herzlich dankbar. Bitte schreiben Sie mir nur mit Maschine ein paar kurze Zeilen, Personen die sich dann in München bemühen würden, habe ich zur Hand. [23]   Der Ihre, aufrichtig

Hofmannsthal

[H 4]   RODAUN   6 I. 1924 [24]
                                              b. Wien

Lieber Efraim Frisch

ich bin Ihnen allmählich sehr viel Dank dafür schuldig geworden dass Sie mir Ihre Zeitschrift fortgesetzt zugehen lassen. Diese Zeitschrift ist mit einem bescheidenen anhaltenden Ernst geführt, der in unserer Zeit ungeheuer selten geworden ist, sie erscheint mir dadurch als die einzige im geistigen Sinn existente Zeitschrift in deutscher Sprache, und zugleich ist sie, ganz ungewollt, das Abbild einer Persönlichkeit, die Achtung u. Sympathie einflößt: der Ihren.

Immer wieder finde ich in diesen Blättern einen Aufsatz der mich wirklich bereichert, im höchsten Fall auch beruhigt u. aufheitert. Im Octoberheft war der Aufsatz von Lion [25] geistreich, anziehend – aber vielleicht nicht auf die *Dauer* erfreulich; die Betrachtung des anonymen Süddeutschen [26] dagegen so gehaltvoll, daß ich, um mehrmals zu diesen Ausführungen zurückzukehren, das Heft immer in meiner Nähe lasse. Hier war man in dem so seltenen Fall, sich zu wünschen, man könne eine Conversation, wie sie das Lesen ist, nachher neu anknüpfen, erweitern u. fortführen. Es ist unschicklich auf die Persönlichkeit eines pseudonymen Autors mit Fragen u. Vermutungen einzugehen. Es wäre mir aber lieb, wenn meine Combination mich nicht täuschte und der Verfasser ein Allemanne, kein Baier wäre; eher ein Augsburger Schwabe. Ich wies verschiedene süddeutsche Freunde, einen Baseler Burckhardt, einen süddeutschen evangelischen Landedelmann u. a. darauf hin, und alle waren gleichmäßig erfreut.

Im letzten Heft, – das mir leider, um den Namen des Verfassers nachzusehen, nicht zur Hand, war mir wieder der Aufsatz über ›Jacobi's Kampf‹ [27] sehr merkwürdig.

Nehmen Sie also nochmals meinen herzlichen Dank, und als den symbolischen Ausdruck davon empfangen Sie (durch Dr. Wiegand, den ich damit beauftragte) freundlich die wenigen Hefte meines eigenen Zeitschriftunternehmens, das ja durchaus nur der Sprache – nicht der Welt dienen will.

Ihr
Hofmannsthal

[F 6]   2. April 1926.[28]

Sehr verehrter Herr von Hofmannsthal,

für meine Verhandlungen zur Wiederaufnahme des Neuen Merkurs, die ich jetzt angeknüpft habe, wäre es sehr förderlich, einige gutachtliche Äußerungen von besonderem Gewicht beizubringen. Ich habe dabei zuerst an Sie gedacht und darf wohl auf Ihren freundlichen Beistand rechnen. Über Art und Absicht der Zeitschrift informieren nun ihre acht Jahrgänge jeden, der sich der Mühe einiger Lektüre unterziehen will, zur Genüge, – weniger über den gegen seine Mitarbeiter etwas zurücktretenden Herausgeber. Von der literarischen und sonstigen Bedeutung der Zeitschrift abgesehen, wollen Geschäftsleute aber auch wissen, mit wem sie es da persönlich zu tun haben. – Wenn Sie nun die Güte haben wollen, sich über den N. M. im Allgemeinen zu äußern, so würde es besonders zweckdienlich sein, einige Worte über seinen Herausgeber zu sagen und auch auf die Notwendigkeit des Wiedererscheinens der Zeitschrift entsprechend hinzuweisen. –

Für die freundliche Erfüllung meiner Bitte wäre ich Ihnen sehr zu Dank verpflichtet.

Mit besten Empfehlungen und Grüßen
Ihr sehr ergebener
Efraim Frisch

[H 5]

Lieber Efraim Frisch

ich hoffe, dies entspricht auch formal. Wo nicht, so schreibe ich es gern in anderer Form nochmals. Das ist das wenigste, was ich für Sie tun kann.

Herzlich der Ihre
Hofmannsthal

Rodaun 6/V 926[29]

366

Lieber Efraim Frisch

ich habe nun Ihre romanartige Erzählung durchgelesen,[31] sehr gefesselt von der eigenthümlichen, einerseits lebensvollen andererseits symbolhaften Gestalt, die Sie da ersonnen haben.

Ich habe seit vielen Jahren große Achtung vor Ihnen, und ich kenne die Schwierigkeiten der litterarischen Existenz. Darum wird es mir hart, einen Wunsch, den Sie mir aussprechen, unerfüllt zu lassen: aber es ist mir völlig unmöglich, mich über ein einzelnes Buch zu äußern, das zu tun, was man »ein Buch anzeigen« nennt. Die Fälle, wo ich es getan habe, in einer über dreißigjährigen Tätigkeit als Schriftsteller, lassen sich an den Fingern einer Hand abzählen, und immer ist es unter einer Nötigung geschehen, und immer habe ich es nachher bedauert. Ich vermag manchmal meine Gedanken über ein gewisses allgemeines Thema, über gewisse Bezüge zusammenzufassen – aber für die Anzeige, die Recension, fehlt mir alles: die Routine, die Lust, der Boden auf den ich mich stellen könnte, der Ort zur Publication, der mir sympathisch wäre, und das Zutrauen, damit irgend etwas wirken zu können – ein Theil auch (da wir kein litterarisches Leben, sondern nur dessen Zerrbild besitzen) das Gefühl, über den anzulegenden Maßstab mit dem Publicum, oder irgend einem Publicum, einig zu sein.

Nehmen Sie es mir nicht übel.

Immer aufrichtig der Ihre

Hofmannsthal

Anmerkungen

1. Handschriftlicher Entwurf, darum ohne Unterschrift. 1 1/2 Seiten. Original im Besitz des Leo Baeck Institute, New York (LBI).

2. Efraim Frisch, Von der Kunst des Theaters. Ein Gespräch. München: Georg Müller 1911. – Wieder abgedruckt in: E. F., Zum Verständnis des Geistigen. Essays. Herausgegeben und eingeleitet von Guy Stern. Heidelberg/Darmstadt: Verlag Lambert Schneider 1963, S. 44–92.

3. Maschinenschriftliche Kopie mit Adresse: Herrn Dr. Hugo von Hofmannsthal, Rodaun b/Wien. LBI.

4. Der Neue Merkur. Monatsschrift für geistiges Leben. Georg Müller 1914–1916, Verlag Der Neue Merkur 1919–1923, O. C. Recht Verlag 1923, Deutsche Verlags-Anstalt 1923–1925.

5. Fragment. Veröffentlicht unter dem Titel ›An Efraim Frisch über dessen neue Zeitschrift‹ im Katalog 545 des Hauses J. A. Stargardt / Marburg, Nr. 85, S. 32, Autographen-Auktion vom 29. Oktober 1959, Original 2 S., Großoktav.

6. Gustav Landauer (1870–1919), Die vereinigten Republiken Deutschlands und ihre Verfassung, Heft 3 der von Norbert Einstein herausgegebenen Sammlung ›Das Flugblatt‹, Frankfurt a. M.: Tiedemann & Uzielli 1918 (Auslieferung im Januar 1919).

7. Masch. Kopie m. Adresse: Herrn Dr. Hugo von Hofmannsthal. Rodaun b / Wien. LBI.

8. Vgl. H's Brief an R. A. Schröder vom 30. 12. 1919: »Müller-Hofmann sehe ich viel. Es ist mir sehr wert und ich nehme es mit Freude an, dass er auf Dich und mich in rührend zarter und zugleich fester Weise sein ganzes geistiges Dasein stellt.« In: MESA, ed. by H. Steiner, n. I, autumn 1945, p. 37. – Willy Müller-Hofmann (1885–1948) war Maler und Professor an der Kunstgewerbeschule in Wien. Seinen ›Dank an Hofmannsthal‹ hat Helmut A. Fiechtner in den Band ›HvH Der Dichter im Spiegel der Freunde‹, 2. A. Bern / München 1963, aufgenommen. Zwei Briefe H's an ihn hat Herbert Steiner im Okt. 1955 in der Zeitschrift ›Merkur‹ veröffentlicht.

9. Über H. und P. Eisner vgl. HB, Heft 3, 1969, S. 195–215.

10. Ludo M. Hartmann (1865–1924), Historiker und sozialdemokratischer Politiker, seit 1889 in Wien als Dozent für spätröm. und ital. Geschichte, 1918 a. o. Professor; Unterstaatssekretär im Auswärtigen Amt, dann österr. Gesandter in Berlin; setzte sich *für* den Anschluß an Deutschland ein.

11. Masch. Kopie m. Adresse: Herrn Hugo von Hofmannsthal, Rodaun b /Wien. LBI.

12. Erich von Kahler, Das Geschlecht Habsburg, Bücher des ›Neuen Merkur‹, München 1919. – Erich von Kahler (1885–1970), Geschichtsphilosoph, zuletzt in Princeton N. J., stand dem George-Kreis nah, war befreundet mit Gundolf, Broch, Thomas Mann und Einstein. Er wurde bekannt durch seine Antwort auf Max Weber ›Der Beruf der Wissenschaft‹, Berlin 1920, und veröffentlichte bis zu seinem Tod zahlreiche Werke mit großer Wirkung in deutscher und englischer Sprache.

13. Masch. Original mit H's Unterschrift, 3 S., LBI.

14. L. H. vgl. Anm. 10.

15. Walther Rathenau, Der neue Staat, Berlin 1919. – Walther Rathenau (1867–1922), Großindustrieller und demokratischer Politiker, wurde 1921 Wiederaufbauminister und 1922 Außenminister, am 24. 6. 1922 als »Erfüllungspolitiker« und Jude in Berlin ermordet. – H's Verhältnis zu ihm und seinen Schriften bedarf noch der Klärung.

16. Masch. Kopie m. Adresse: Herrn Hugo Hofmannsthal, Rodaun b / Wien. LBI.

17. Zur Abhandlung von Rudolf Pannwitz vgl. in diesem Heft S. 373–378. – H. war allerdings sehr ungehalten über den zweispaltigen Druck und den schlechten Platz dieser Würdigung und deutete in einem Brief an Rudolf Pannwitz vom Dezember 1919 auch seinen Unmut über Frischs Ersuchen an, sich über sein Verhältnis zu Strauss' Musik im ›Neuen Merkur‹ öffentlich zu äußern, wie Frisch dies hier erbittet. H. beklagt gegenüber Pannwitz: »Daß sie nichts anderes im Sinne haben, diese Leute [= Herausgeber / Redak-

teure], als Angriff und als Verteidigung, als Heilmittel und als Vertilgungsmittel, als den Aufsatz *über* und gar kein Organ mehr für stätiges ruhiges Tun – für das was Goethe in der Totenrede auf Wieland die einzige erkennbare Betätigung des Charakters nennt.« – Dies dürfte erklären, warum H. auf Frischs Brief wohl nicht geantwortet hat und eine Pause in ihrer Korrespondenz eintrat. (Hinweis und Mitteilung des Pannwitz-Briefzitates von Dr. Rudolf Hirsch, Frankfurt a. M.)

18. Handschriftl. Original, 2 Bl., LBI.

19. Rathenau's Ermordung. Von Heinrich Simon; in: Der neue Merkur, 6. Jg., H. 4, Juli 1922, S. 193–199.

20. Die »alte nicht auftreibbare Theater-Zeitung« ist der ›Dramaturgische Beobachter‹, welcher 1814 in Wien bei Mathias Andreas Schmidt in 36 Blättern erschien und worin Brentano eine Reihe von Theaterbesprechungen veröffentlichte; davon ist *kein* vollständiges Ex. mehr nachweisbar. (Diese und die folgende Anm. verdanken der Verf. und der Hrsg. Herrn Dr. Jürgen Behrens, Kustos am Freien Deutschen Hochstift Frankfurt a. M.)

21. Bei Georg Müller erschienen ab 1909 die ›Sämtlichen Werke‹ Brentanos, ab 1920 allerdings im Propyläen-Verlag in Berlin. Von dieser Ausgabe sind jedoch nur zehn Bände herausgekommen, und keiner enthielt die Theaterkritiken B's.

22. Die von Christian Morgenstern mit Frisch u. a. 1903/1904 bei Bruno Cassirer in Berlin herausgegebene Zeitschrift ›Das Theater‹ enthält *keine* Theaterkritik B's (freundliche Mitteilung von Herrn Ludwig Greve, Marbach a. N.). – Daher ist wohl nicht mehr auszumachen, *welche* der B'schen Rezensionen H. so besonders schätzte und in sein ›Deutsches Lesebuch‹ aufnehmen wollte. Da offenbar alle Hilfen versagten, erschien dann dort – wie im 2. Heft der 1. Folge der ›Neuen Deutschen Beiträge‹ – von Brentano ›Ein Gesicht der Anna Katharina Emmerich‹, ferner im 3. Heft vom Juli 1923 ›Verschiedene Empfindungen vor einer Seelandschaft von Friedrich‹. – Ein weiteres Zeugnis von H's Verbundenheit mit Brentano, vermutlich aus dem Jahre 1922, befindet sich in ›Ad me ipsum‹, ›Aufzeichnungen‹ S. 230. Diese Notiz bezieht sich auf eine Stelle in einem Brief Brentanos an E. T. A. Hoffmann von 1817, Gesammelte Briefe, 1. Bd., Frankfurt 1855, S. 235. (Hinweis von Dr. Rudolf Hirsch, Frankfurt a. M.)

23. Helfer in München war vermutlich Willy Wiegand, der Leiter der ›Bremer Presse‹; vgl. H's Briefe an W., hrsg. v. Werner Volke, Schiller-Jahrbuch VII/1963.

24. Das handschriftl. Original, 1 Bl. beidseitig beschrieben m. eigenhänd. adressiertem Umschlag, stellte uns Herr Dr. Rudolf Schwabe, Basel, entgegenkommender Weise für den Abdruck zur Verfügung. – Der Brief war Anfang November 1943 in Zürich versteigert worden. (Für Hinweise, welche zu seiner Ermittlung führten, danke ich Prof. G. Stern, Cincinnati USA; Frau Prof. V. Tammann und Herrn Friedrich Seebass, Basel, sowie Frl. Therese Moser, Zürich. – Der Hrsg.)

Der ebenfalls bei dieser Auktion verkaufte Brief Hofmannsthals an Frisch vom 31. X. 1924 – der hier folgen müßte – konnte noch nicht gefunden werden. Der Katalog liefert folgende Beschreibung: 40. HOFMANNSTHAL (H. v.). – Ein Brief (1 Quartseite). Bad Aussee, den 31. X. 1924. Mit vollständ. Unterschrift. In dem Brief bittet Hofmannsthal den Redaktor des *Neuen Merkur* die ihm bekannte Musikerin Frl. H. aus Wien in München aufzunehmen. (SAMMLUNG/ALTER, WERTVOLLER/UND NEUER BÜCHER..., Kunst/ALTE UND NEUE AUTOGRAPHEN..., Versteigerung in Zürich, Savoy-Hotel Baur-en-ville, Montag 1., Dienstag 2. und Mittwoch 3. November 1943/unter der Leitung von W.-S. Kundig, Genf, für die französische Abteilung/H. Schumann, Zürich, für die deutsche Abteilung, S. 10)

25. Ferdinand Lion, Fragmente über Europa, Oktober 1923, S. 1–14.

26. Anonym., Zur deutschen Situation. Von einem Süddeutschen. / Widmung an B. R., ebendort S. 51–74. – Verfasser war Wilhelm Hausenstein; die Widmung galt Benno Reifenberg. Mitteilung von Dr. Rudolf Hirsch.

27. Leo Matthias, Der Kampf Friedrich Heinrich Jacobis, November 1923, S. 128–144.

28. Handschriftl. Original, 1 Bl., Briefkopf: EFRAIM FRISCH / MÜNCHEN / BAUERSTR. 26 / IV. – Eigentum der Stiftung Volkswagenwerk, verwahrt als Dauerleihgabe im Freien Deutschen Hochstift in Frankfurt a. M. – Seine Ermittlung verdanken wir Dr. Rudolf Hirsch.

29. Handschriftl. Original, Begleitbrief zu einem bisher nicht auffindbaren Empfehlungsschreiben H's. – Derselben Bitte F's entsprach Prof. Alfred Weber, Heidelberg, in einer mit Begleitbrief erhaltenen Empfehlung vom 7. IV. 1926. LBI.

30. Handschriftl. Original, 2 Bl., LBI.

31. Efraim Frisch, Zenobi. Roman. Berlin: Bruno Cassirer 1927. – Wieder abgedruckt in: Das leere Haus. Prosa jüdischer Dichter. Hrsg. v. Karl Otten. Stuttgart: Cotta 1959.

»BERÜHRUNG DER SPHÄREN«

[1931]

Von EFRAIM FRISCH

Von den beiden bedeutenden Würdigungen nachgelassener Werke und Briefe Hofmannsthals durch Efraim Frisch bringen wir hier die erste, kürzere. Sie faßt manches zusammen, was in den ›Blättern‹ seit deren Bestehen als Wesen und Hoffnung dieses Dichters hervorgetreten ist. Der Abdruck folgt dem Original in der von Karl Anton Prinz Rohan herausgegebenen ›Europäischen Revue‹, VII. Jahr, Heft 7, Juli 1931, S. 550–552, dort ohne Titel. – Sieben Jahre später schrieb Frisch im Exil noch eine Besprechung, jene des Briefwechsels zwischen George und Hofmannsthal. Sie erschien unter dem Pseudonym E. H. Gast im 4. Heft des II. Jahrgangs der von Thomas Mann und Konrad Falke herausgegebenen, von Ferdinand Lion redigierten und in Zürich gedruckten ›Zweimonatsschrift für freie deutsche Kultur‹, ›Maß und Wert‹, März / April 1939, S. 544–549, und kennzeichnete scharf die geistige Situation. M. ST.

—

HOFMANNSTHAL Man kann gewiß bei ihm nicht von Verkanntheit sprechen. An dem Maße gemessen, nach welchem einem deutschen Dichter eine Wirkung innerhalb seiner Zeit gewährt ist, hat Hofmannsthal, glücklicher wohl als mancher andere, früh schon Resonanz gefunden und wachsend seine Strahlung erweitert. Aber in dem, worauf es ihm ankam, in jenem Wesentlichen, das einem Geiste von so universaler Spannweite Lebenselement ist, erging es ihm nicht anders als anderen großen Deutschen. Mit seiner Kunst- und Kulturauffassung, weltweit wie sie war, und in der das Deutsche als Geistiges seinen unverrückbaren Platz einnahm, stand er einem »weltlosen« Volk gegenüber, das seinen Anspruch auf Geltung besser zu fördern meinte, wenn es seine materiellen Machtmittel möglichst geräuschvoll zur Entfaltung brachte. Man hat den »Dichter« Hofmannsthal geehrt, hat ihn viel gelobt, als jenes Wunder »poetischer Begabung«, das mit empfindlichsten Fühlern für jede Schwingung in der Sphäre der Kunst seine zarten und starken Fäden spann – und überließ ihn der Literatur: was bei uns stets so viel heißt, jenem Bezirk, der mit dem »wirklichen« Leben nichts zu tun hat. Jetzt, kaum zwei Jahre nach seinem Tode, steigt langsam und eindrucksvoll aus Vorträgen und Aufsätzen, die unter dem Titel: ›Die Berührung der Sphären‹* gesammelt erscheinen, der andere Hofmannsthal empor, die ganze Persönlichkeit, wie sie seinem vertrauten Kreise nur bekannt war und die es für die anderen wieder zu entdecken gilt.

Hofmannsthal – das ist der große kulturelle Beitrag jenes älteren und gegründeteren Großdeutschland, Österreich genannt, das von der Entwicklung des neuen Deutschen Reiches abgeschnürt, nur noch durch den schmalen, unbeachteten Kanal der Kunst mit uns kommunizierte. Aller Reichtum der alten Bindungen und Verflochtenheiten, mit dem Antiken und Romanischen durch das Italienische, mit dem Barock der Reichsidee, mit der auch ins Slawische ausgreifenden Katholizität, erscheint bei Hofmannsthal – zum letztenmal vielleicht so umfassend – zur äußersten Aufgeschlossenheit sublimiert, und befähigt ihn zu Um- und Neubildungen persönlichster Prägung. Auch das Erbe Grillparzers und Stifters, die lebendig gefühlte Verbundenheit mit dem großen Jahrhundert deutschen Geistes, das für Hofmannsthal von Mitte des 18. bis zur Mitte des 19. Jahrhunderts reicht, findet ständigen Ausdruck in der Bemühung, die Dichtung aus ihrer Isolierung in einer geschäftigen Welt, in die Kette der Tradition eines einheitlichen Kulturwillens einzufügen, ohne ihren Gegenwartsgehalt zu beeinträchtigen. Jene Verbundenheit ist es auch, die ihn zu einer Europakonzeption befähigt, wie er sie 1917 in der Rede in Bern: ›Die Idee Europa‹ entwickelte, und von der uns leider nur nachgelassene Notizen in diesem Bande erhalten geblieben sind. Man kann aus den Aufsätzen und Vorträgen, die aus verschiedenen Zeiten stammen, auch die tiefe Unruhe und die Beängstigung herauslesen, die den von einer älteren komplexen Welt Geformten befallen, wenn er mit dem Neudeutschen in allen seinen Lebensäußerungen in Berührung kommt. Die ›Briefe des Zurückgekehrten‹, das ›Gespräch

* S. Fischer Verlag, Berlin.

in Saleh‹ sind als Ausdruck dafür bezeichnend und heute besonders lesenswert. Je später desto mehr verstärkt sich in ihm die Empfindung einer tiefen Veränderung der geistigen Situation in Deutschland, der gegenüber es ihm vor allem gilt, einen vorbildlichen Gehalt, einen geistigen Bestand zu retten, zu stabilisieren.

Er erlebt das Schicksal eines zwischen zwei durch einen gewaltigen Einsturz getrennten Epochen Lebenden und Wirkenden nicht passiv; wenn es auch so scheint. Er hat schon früher, trotz allem Unbehagen am formlosen Neudeutschen, trotz des Mangels an Ganzheit, den er an ihm sah, seine Zuversicht in das Element des Werdens gesetzt, in das Schöpferische, das er im Wunder der Sprache pries, in das er sein Barock und sein Universales hineindeutete. In einer persönlichen Äußerung kam es zum Ausdruck, daß er von einem gewissen Zeitpunkt an nicht mehr auf Wirkung in die »Welt« rechnete, sondern seinen ganzen Willen auf die »Sprache« wandte, wie er sagte, von deren Kontinuität ihm mehr abzuhängen schien als von einer Kritik ephemerer neuer Versuche, die er übersah. In solchem Sinne ist sein nachgelassenes Romanfragment, ein unvergleichliches Stück deutscher Prosaerzählung, zu werten und seine Mitarbeit an den ›Neuen deutschen Beiträgen‹ und an dem musterhaften ›Lesebuch‹ zu verstehen, deren Vorreden wir hier abgedruckt finden. Und doch stammen sie aus der gleichen Intention wie jener wundervolle Vortrag: ›Der Dichter und diese Zeit‹, in welchem er schon 1907 die heute vielberedete Frage der Aktualisierung der Literatur in der dem Dichter einzig möglichen Form stellte und entschied. Am Schluß des Bandes steht die Rede: ›Das Schrifttum als geistiger Raum der Nation‹, die er im Januar 1927 im Auditorium maximum der Universität München gehalten hat. Ich höre beim Lesen seine Stimme wieder, wie sie, eine Sprechstimme und keine Rednerstimme, angestrengt und in den Steigerungen bis zum Äußersten gespannt, beängstigend gespannt, den wiederkehrenden Typus des deutschen Suchenden ankündigte, des nach Ganzheit Gierigen, ans Dienen sich binden wollenden neuen Deutschen. Es war eine Hoffnung. Welcher Wirklichkeit entspricht sie? ...

»Wo geglaubte Ganzheit des Daseins ist – nicht Zerrissenheit –, dort ist Wirklichkeit.« Dieser Satz aus der Rede könnte als Motto nicht sowohl über dem Werk Hofmannsthals als über der Erscheinung, ihrem Willen und Streben stehen, die Wirkung in die Zeit an Vergangenheit und Zukunft zu geistiger Einheit zu binden.

E. F.

HOFMANNSTHALS ERZÄHLUNG »DIE FRAU

OHNE SCHATTEN« [1919]

Von Rudolf Pannwitz

Rudolf Pannwitz schrieb auf dem Höhepunkt einer für Hofmannsthal epochalen geistigen Begegnung die erste bedeutende Würdigung von Oper und Märchen ›Die Frau ohne Schatten‹.

Efraim Frisch und seine Zeitschrift ›Der Neue Merkur‹ boten zu dieser Huldigung Raum, welche den Autor besonders ermutigt haben dürfte, da ihm, nach einem langen Ringen um dieses Werk, die näheren Freunde zu lange schwiegen. Das nur Hofmannsthal selbst zugedachte Lob, dessen beglückende Ausstrahlung ein in Herbert Steiners Zeitschrift MESA veröffentlichter Dank vom 6. Februar 1919 bezeugt, wird erst mit der Publikation des Gesamtbriefwechsels Pannwitz – Hofmannsthal zugänglich sein. – Um so nötiger scheint es, die seit ihrem Erscheinen nicht mehr gedruckte Rezension der Vergessenheit zu entziehen. Der Abdruck folgt unverändert dem Dezember-Heft, Jg. III, 1919, des ›Neuen Merkur‹. Der Herausgeber dankt Frau Dr. Charlotte Pannwitz, Astano / Schweiz, aufrichtig für die Erlaubnis dazu. M. St.

—

Liest man Hofmannsthals Operntext ›Die Frau ohne Schatten‹, ohne an die Musik zu denken, so hat man einen echten heutigen Mozart, freilich in der Sphäre der Dichtung anstatt in der der Musik. Die Zeit hat geglaubt, Hofmannsthal sei stehen geblieben, in Wirklichkeit ist er weiter gegangen, aber niemand mitgekommen. Die Ursachen habe ich im vorigen Jahre in einem Aufsatze im ›Jungen Deutschland‹ über Hofmannsthals Komödien dargelegt und darf Zeit und Raum nicht mit einer Wiederholung verschwenden. Wohl aber muß ich, um das Verständnis des neuen, das heißt 1914 gedichteten Operntextes anzubahnen, auf jene frühere Erörterung ernstlich verweisen. Ihr Inbegriff ist: Hofmannsthal ist, leicht scheinend, um so schwerer; er ist Österreicher; er ist persönlich kompliziert; er setzt eine komplizierte, doch in ihm naiv lebendige Kultur voraus, die niemand mehr hat; er ist, nur scheinbar verflochten, in Wahrheit einsam, ganz für sich stehend und auf einem Wege, den außer ihm niemand geht. Jener Operntext also verdient, als reine Dichtung gelesen zu werden. Sein Inhalt ist als bekannt vorauszusetzen. Seine Form ist zwischen die der Zauberflöte, die des zweiten Faust und die des gesellschaftlichen Orients zu setzen. Anweisungen fürs Theater, Verwandlungen, Buntheit, Dämonenspiel und Märchenzauber sind durchaus selbständig als eigene Mimik und Plastik zu fassen, genau so ernst, tiefsinnig und bedeutungsvoll wie bei Goethe, gleichgültig, was die Halbwelt der Aufführer daran Anteil hat oder daraus gemacht hat. Ist all das etwas schwer verständlich, trotz seiner glühenden Sinnlichkeit-Geistigkeit, so teilt es das ja mit allen Werken und Werten, für die man im ersten Augenblick zu dumm ist und über die man sich etwa doppelt ärgert, weil ihre Unfaßlichkeit für den Verstand mit einer Sichtbarkeit fürs Auge verbunden ist. Die Vorwürfe der rationalistischen Kälte gehen in solchen Fällen immer von unbefriedigten Rationalisten aus. Die Sphäre dieses Operntextes ist der Goetheschen nah wie der Mozartschen: Adelskultur im Hintergrunde; Begeisterung für noch lebendige Geselligkeit; diese aber auf bürgerlichindividualer Basis neu versittlicht; romanisch-romantisches Schweifen nach Zaubern und Märchen des Orients; verbunden damit der Vernunftwille und die Rechtschaffenheit der großen Aufklärung; aus beidem ein unmittelbarer Weg zur klassischen Lösung; viel Volkselement, aber in kultiviertester Form; Mythik, doch geistig-sittlich; Erotik als eigentlichster Gehalt, problematisch, zart, Gleichgewicht und edle Form suchend; tiefe Symbolik in leichter Fassung; das Letzte und Persönlichste sich versteckend, weniger scheinend als seiend. Das ist eine Welt, die ihre, wenn auch entfernte Entsprechung in der wenig beachteten Linie der Malerei hat, die, ohne jede direkte Genealogie, von Leonardo zu Poussin und von Poussin weiter zu Marées führt, und die durch ihre zu erwartende Weiterführung sich erst vollkommen darstellen wird. Für all das fehlt vorläufig noch der Blick, und doch ist's ein Teil nicht nur Zukunft, sondern schon Gegenwart, und einer der *vornehmsten* Teile.

Hofmannsthal hat seine Oper in eine neue Form umgegossen, in die der Erzählung. Er hat dabei alles ausführlicher gestaltet, das zur Form der Oper gehörende Springende, Bequeme, Oberflächliche ganz ausgeschaltet, an seine Stelle geschlossene Bilder und Horizonte gesetzt, vor allem zwei gewaltige mythische Landschaften und Ereignisreihen neu eingefügt, die die Hauptträger der dargestellten Welt sind. Der Form nach unterscheidet sich diese Erzählung von unserer ganzen deutschen Prosa durch einige Eigentümlichkeiten, ja Vorzüge. Sie ist, obwohl fortlaufend und hinreißend, so doch in einer Weise gebaut, daß man an jeder Stelle wie in der Mitte ist und eine Runde um sich ausgegossen hat, also mit lauter ineinander verwobenen Bogeneinheiten, wie die Architektonik Maréesscher Gemälde. Demgemäß fehlt im Stil, im großen Unterschiede zu Hofmannsthals früherer Prosa, das Vergleichen und sein Rankenwerk fast ganz, jedes steht rein für sich und alles in geistiger Proportion zueinander. Auf diese Art, die durch nichts Einzelnes sich merkbar macht, geht Reales und Mythisches nicht nur ineinander, sondern, was mehr ist, begrenzt es sich in strengen Sphären gegeneinander, verwölbt sich aber miteinander zu höchster Gemeinschaft. Hier ist nichts von

Mystik, nicht von Alleinheit – es sei auf das entschiedenste betont – vielmehr hier besteht alles nur durch Distanzen gegeneinander, durch Nuancen, die monumental wirken, hier ist eine ganz aristokratische Weltarchitektur. Sucht man Verwandtes, so gelangt man am ersten auf Goethes Novelle, doch ist die Strenge noch größer. Hoffmanns Dämonien sind erreicht, aber – sonderbar! – in südlich klarer Atmosphäre. Chamissos Schlemihl spricht nicht nur äußerlich mit, ist jedoch potenziert. Tausendundeine Nacht ist vielleicht das Allerverwandteste und der eigentlichste Ursprung, nur ist es, wie übrigens schon in Platens rein naiven ›Abassiden‹, mit Goethe zu reden, »ins Enge gebracht«: vergriechischt, verdeutscht, europäisiert, symbolisch und krystallinisch verkürzt, verschränkt, geschlossen.

Die Fabel läßt sich auf die Verflechtung von zwei Ehegeschichten in den Rahmen eines zufällig nordischen Märchens reduzieren. Beide Male haben die Gatten keine Kinder, einmal, in der höheren Sphäre, liegt es, soweit man so etwas sagen kann, am Mann, der das Weib als Gebild unveränderlich lieben will, das anderemal, in der niederen Sphäre, an der Frau, die sich nicht immer weiter dem, der sie nicht erschöpft hingeben noch mit Kindern aufreiben will. Natürlich ist alles nüancierter und komplizierter. Nun spielen beide Sphären ineinander, indem die Frau der höheren an dem Paare der niederen halb dienen, halb schmarotzen muß, um zum Gefühle echten Lebens zu kommen, wiederum der Mann der höheren am Erlebnis des Übergangs seiner Transzendenz zur großen Natur erstarren muß; indem ferner der Mann der niederen Sphäre mit seinem unmittelbar mächtigen Verlangen nach einer Nachkommenschaft der physische Erlöser von allen wird, die Frau der niederen Sphäre mit ihrem wirklichen Leiden, ihrem Verzicht auf ihr Phantom und Abenteuer, ihrer sich selbst erlösenden Hingabe zum Ziel gelangt. Das Letztentscheidende tut die Frau der höheren Sphäre: sie verzichtet auf ein Leben, das ihren Mann zwar rettet, aber von anderem Leben vernichtend nimmt, sie verwirft nicht nur das Erlebnis, sondern auch die Verjüngung, ja das Leben als solches, wo es dem Gesetze der sittlichen Liebe tiefergreifenden Abbruch tut. Die Schuldner nähern Sinnes sind der Mann der höheren und die Frau der niederen Sphäre, aber der Läuterung bedürftig sind alle. Der Mann der niederen Sphäre hat seine Frau naiv besessen, ohne sie je völlig erworben zu haben. Die Frau der höheren Sphäre hat nur geliebt und einerseits in die niedere Sphäre gegriffen, anderseits dort Verwirrung angerichtet um dieser Liebe willen. Vom Richtenden aus wird die Schuld im höheren Sinn auf die Männer gelastet, da sie die Lehrmeister der Frauen zu sein haben und auch immer sind. Die Entscheidung der Erlösung aber geschieht durch die Frau der höheren Sphäre. – Dieser psychologisch ethische Gehalt ist transponiert in einen Mythos, der mit der Allegoristik unserer modernen Sexualhalbmärchen auch nicht das Allergeringste mehr zu tun hat, ebensowenig aber mit unserer individualen asozialen kosmogonischen Mythik gleichzusetzen ist. Es ist eine Mythik, in der die sich völlig spiegelnde Sphäre der Menschengemeinschaft sich als elementar erschaut; eine elementarisierte Novelle; das Ideal des Kunstmärchens. Mann und Frau der höheren Sphäre sind Kaiser und Kaiserin geworden; Mann und Frau der niederen Sphäre Färber und Färberin. Die Kaiserin Tochter des Geisterkönigs. Ihre Amme, beide Sphären verbindend, ein mephistophelisches Wesen, genauer noch: ein Tierdämon. Der Schauplatz: der Orient, in dem allein ja Soziales und Kosmisches sich nicht widersprechen. Die Handlung kann nicht erzählt werden, es sei aber aufmerksam gemacht, daß man, um recht zu verstehen und hoch genug zu schätzen, genau wie bei einem musikalischen Werk, verfolgen muß, wann ein Thema, eine Person, ein Stück Landschaft hervortritt und zurücktritt, und so jedes Ereignis, jede Gebärde. Die Knüpfungen sind da, aber wiederum in den ganzen Teppich eingeknüpft; es gehören maßlos kultivierte Sinne und Geister dazu, um nicht überall plump daneben oder ganz ins Leere zu greifen; es ist kein deutsches, es ist nicht einmal ein französisches Werk – oder es ist ein Werk einer noch ungeborenen deutsch-orientalischen und spezifisch österreichischen Kultur, einer der Erstlinge...

Das Gewicht der Dichtung fällt dennoch nicht auf ihre Form, sondern auf ihren Gehalt, diesen zu gestalten, ist allein eine so außerordentliche Form *nötig* gewesen. Die Helden der epischen Idylle sind die Ungeborenen. Das, was dargestellt ist, ist das Reich der Zeugung. In diesem wird von jenen den Eltern der Tisch gedeckt, das Fest bereitet, sie sind immer da, sie wünschen, daß man sie rufe. Aber der Egozentrische kann sie nicht zwingen, nur der in den andern, ihn ganz empfindend, ihm ganz genügend, hinübergewallt ist. Es ist der Arbeit wert, aber in Kürze nicht möglich, die Ungeborenen und ihr Reich auszudeuten, sie sind so dargestellt in Bildern, Gestalten, Handlungen, Geberden, Verläufen und Worten, daß sie genau so bestimmt wie Platons Ideen, aber ebenso unbegrenzt auch, erfaßt werden können. Man soll sich bewußt werden, was mit dieser Schöpfung geschaffen ist. Ein Mythos von einer Welt, die bisher nicht nur außerhalb alles Mythos, auch außerhalb jeder Darstellung stand. Ja, die Natur selbst hat das Reich der Zeugung dem unmittelbaren Erlebnisse verschlossen, nur die Geschlechtshandlung und die Schwangerschaft erlebbar gemacht. Hier nun ergänzt ein neues Ethos, hier offenbart ein neuer Eros, und sie entfalten da, wo nichts war, das, aus dem jenes, was war, erst sei. Das ist neue Religion. Das Sakrament der Ehe, doch nicht bürgerlich, auch nicht priesterlich, sondern elementar. Die Ehe als die vollkommene mit den Seelen die Sinne tragende und in der Verschlingung die Zukünftigen einbegreifende und also eigentlich von ihnen bereitete und geleitete Vereinigung der Geschlechter. Das ist kein Protest gegen die moderne spielerische Laszivität und große Passion, sondern etwas einfach Stärkeres und Volleres selbst, es ist eine ausschöpfendere, synthetischere, komplexere, *vollkommenere* Liebe, es fordert nicht, die Ehe heilig zu halten, sondern es zeigt, was Ehe (jenseits aller Begriffe und Gesetze und Bindungen) bei den Elementen ist, daß es da etwas gibt, dem gegenüber das, was als Gipfel erschien, eine schlammige Niederung nur ist.

Die nächste Verwandtschaft ist die mit Platons Welt der Ideen. Nur, daß es keine eigentliche Transzendenz ist, sondern ganz dem Erdenreiche einbegriffen. Wohl aber ist's auch ein μέσον und μεταξύ, eine eigentümliche Zwischenwelt. Das Ungeheure und Neugeartete ist, daß diese Zwischenwelt, die mit solcher namenlosen Zartheit, Innigkeit, Heiligkeit, wie sonst nur die Welt des Todes, die Unterwelt dargestellt ist, die Welt des Lebens, des Urseiend-Werdenden, der Vorkindheit und ewigen Jugend ist, ja daß sie nicht die Gegenwelt, sondern die Welt selbst der Zeugung ist. Ihr Ur-Grundgefühl, geheimnordisch, verschwiegen, dunkelhell, sprachlos, stumm, scheinhaft, ihre Ausgestaltung griechisch, mit goldner Plastik, in edelsten Maßen, in deutlicher Körperlichkeit. Hierin allernächste Verwandtschaft mit Marées. Nicht mindere vielleicht mit der Unterwelt des Gluck, wenn an diese wieder in anderer Weise, mehr in der Seelentonweise: ihrer edelmetallischen Harmonie bei entrückter Erschüttertheit. Unsagbar zart ist alles: Gestalten Hofmannsthalscher Jugendwerke, aber viel ernster und noch adliger, und mit festhaltender Liebe gesegnet; Landschaften von mythischer Größe, geheimnisvoll und bis zum Hadeshaften, dabei engumrissen und nicht ungesellig; Fest- und Freudenräusche wie je, doch selten und ohne schalen Nachgeschmack; viel reales Leben, kundig und naiv. So das Ganze, so sein Inbegriff: das Reich und die Reiche der Ungeborenen. Der Mann ist tiefer und wahrer gefühlt und dargestellt als je, ja in seiner verborgensten Zartheit mit der offenbarsten Zartheit: seine abgründliche Schamhaftigkeit, Ehrfurcht, Kindhaftigkeit und Tragwilligkeit. Der Kaiser im Reiche der Ungeborenen gehört zu dem äußersten, was zu gestalten gewagt worden, und die Landschaften und Ereignisse im Geisterreiche sind kosmischen Märchen alten Stils zu vergleichen, wie sie in Vergil und Dante noch einmal ganz aufgenommen worden. Alle Nuancen gruppieren sich um das Verhältnis zu den Ungeborenen. So liebt der Kaiser sie, wo er sie als Kinder und Körper sieht, in ihrem Reiche von ihnen in ehrfürchtigster Form bewirtet wird. Der Färber aber liebt sie, ohne sie vorzustellen, als Beweis des Lebens und als seine eigne Fortpflanzung. Entsprechend gelangt die Kaiserin zur Fruchtbarkeit, indem sie ihrer blinden Instinkte bei der Berührung mit der niedern und natürlichen Sphäre sich bewußt wird und zuletzt doch ihnen nicht folgt, sondern sinnlos edel handelt; während die Färberin eine gewöhnliche Unbefriedigtheit, Abenteuerverlocktheit, Lust nach Glanz, Reichtum, Rolle und Hysterie zu überwinden hat. Zuletzt kann das Gebiet und der Gegenstand des Werkes an jeder Stelle als das Reich der Ungeborenen angesehen werden. Wie es denn auch in den erlösenden Gesang der Ungeborenen ausklingt, der vom Zartesten und Höchsten ist, was in unserer Sprache gedichtet wurde:

Vater, dir drohet nichts,
Siehe es schwindet schon,
Mutter, das Ängstliche,
Das Dich beirrte!
Wäre denn je ein Fest,
Wären nicht insgeheim
Wir die Geladenen,
Wir auch die Wirte?

Hofmannsthals Erzählung ist das Läuterfeuer der Gewordenen, doch nicht fertig
Gewordenen, der Werdenden mit einander, doch mit einander nicht zurecht Kom-
menden, in der diesseitig-jenseitigen Welt der den Ring vollendenden Zeugung,
durch die Gnade der Ungeborenen und die Hingabe an sie. Welcher Rang in
unserer Dichtung und welche beständige Bedeutung diesem Werke zukommt, ja
gesichert ist, dies selbst zu erkennen, bleibe dem Lesenden überlassen. Vielleicht
ist der Zeitpunkt, zu dem unsere allerseltsamste erzählende Dichtung uns ge-
schenkt wird, der ungünstigste, der möglich war, da etwa noch alle Sinne für sie
fehlen. Vielleicht ist schon eine Jugend da, die stark genug ist, die etwas Klassi-
sches und mehr als Gebändigtes, edelste Überlieferungen Vollendendes, aushalten,
und davon lernen kann und sogar will.

HOFMANNSTHALS ANTWORT AUF RICHARD DEHMELS
WELTPOLITISCHEN »WARNRUF« 1918

Mitgeteilt von MARTIN STERN

Seit 1923 befindet sich im zweiten Band von Richard Dehmels ›Ausgewählten Briefen‹ ein mit »Weihnachten 1918« datiertes Schreiben an Hofmannsthal, dessen Gegenstand und Anlaß bisher fast unbekannt geblieben sind. Das hatte zwei Gründe. Vor allem wurde der in diesem und den vorangehenden beiden Briefen Dehmels an Thomas Mann und Richard von Schaukal vom Autor energisch verteidigte Text in keine seiner Ausgaben aufgenommen und blieb daher den meisten Lesern unerreichbar. Aber auch Hofmannsthals Brief, für den sich Dehmel in seinem Rechtfertigungsschreiben bedankt, wurde nicht gedruckt.

Der Zusammenhang ist der folgende: Richard Dehmel, der sich aus Patriotismus und Solidarität mit dem einfachen Mann noch als fast Fünfzigjähriger freiwillig zum Kriegsdienst gemeldet, das Leutnantspatent und das Eiserne Kreuz I. Klasse erworben hatte, erreichte durch Aufrufe, Reden und Gedichte zum Weltgeschehen allmählich eine öffentliche Geltung, der er als »pater patriae« bei Kriegsende auch politisch gerecht werden wollte. Schon 1917 hatte er im Hinblick auf die geplante Öffnung des preußischen Herrenhauses für Vertreter der Berufsstände den Antrag gestellt, »als die berufensten Schildhalter des Volksgeistes« neben Wissenschaftlern auch Dichter und Künstler aufzunehmen. Als dann jedoch das Deutsche Reich samt Österreich-Ungarn zusammenbrach, wandte er sich im Namen des deutschen Volkes an die Weltöffentlichkeit mit seinem ›Warnruf‹, zu dessen Unterzeichnung er die deutschsprachigen Dichter aufgefordert hatte. Der Text erschien am 23. Dezember 1918 in der ›Neuen Hamburger Zeitung‹ und trug dort den Untertitel ›Eine Kundgebung deutscher Dichter‹. – Wenige hatten ihren Namen geliehen, darunter Thomas Mann. Die meisten weigerten sich, darunter fast alle Österreicher. Wie Dehmel dies beurteilte, ist seinem genannten Brief an Richard von Schaukal vom 23. 12. 1918 zu entnehmen, welcher im zweiten Band der ›Ausgewählten Briefe‹ (S. Fischer, Berlin) jenem an Hofmannsthal vorausgeht.

Der Abdruck des Dehmelschen ›Warnrufs‹ folgt mit freundlicher Erlaubnis von Frau Vera Tügel-Dehmel dem in Hamburg aufbewahrten, mit zahlreichen Handkorrekturen versehenen Original-Typoskript, für dessen Kopie ich Dr. Rolf Burmeister und der Handschriftenabteilung der Staats- und Universitätsbibliothek Hamburg bestens danke. – Den Wortlaut *vor* der handschriftlichen Korrektur, die

u. a. von Wünschen der Mitunterzeichner veranlaßt wurde, macht hier ein kritischer Apparat erstmals zugänglich.

Die Abschrift des Briefes Hofmannsthals, die wir mit freundlicher Erlaubnis der Familie wiedergeben, ist Eigentum der Stiftung Volkswagenwerk und wird als Dauerleihgabe vom Freien Deutschen Hochstift in Frankfurt a. M. verwahrt.

Ebendort befindet sich auch das maschinenschriftliche Original des Dehmel-Briefes, das mit dem Text im zweiten Band der ›Ausgewählten Briefe‹ Nr. 882, S. 447–450, bis auf den handschriftlichen Nachtrag wörtlich übereinstimmt.

Warnruf.[1]

Der Waffenstillstand geht bald zu Ende; die Friedensvorbereitung ist schon im Gange, über den Kopf des deutschen Michels hinweg, der von nun endlich sich erfüllender Weltverbrüderung träumt.[2] Unsre Revolutionspolitiker streiten sich um ein bißchen Augenblicksmacht, wie blind[3] und taub gegen die Todesgefahr, mit der die ausländische Beutegier nicht blos unsere Freiheit bedroht, sondern ebenso die ihrer eigenen Volksmassen und daher der ganzen Menschheit.[4] Die Welt des sozialen Geistes geht unter, wenn der Triumph der fremden Plutokratie uns zur Verelendung verdammt; der geplante Völkerbund wird zur Räuber-Innung, der Friedenskongress zum Sklavenmarkt.

In dieser schicksalsschweren[5] Stunde, die vielen Edelsten aller Völker vor Trauer und Scham den Mund verschliesst, dürfen wir deutschen Dichter nicht schweigen. Aufblickend zu dem Stern der Verheißung,[6] der Deutschlands dunkelstes Weihnachtsfest mit heiligem[7] Hoffnungsschimmer beglänzt, erheben wir feierlichen Einspruch gegen die Vergewaltigung, die der Völkerhass unserm Vaterland antun will. Was unsre[8] jetzt gestürzten Gewalthaber am menschlichen Geist gesündigt haben, wenn auch unter dem Zwang der feindlichen Einkreisung, das Gottesurteil des Krieges hat es enthüllt, und unser Volk ist bereit es zu sühnen. Nicht aber ist unser Volk dazu da, eine Züchtigung zu erdulden, die unmenschlicher ist als seine Schuld und nur der Rachsucht, Machtsucht und Habsucht fremder Gewalthaber Vorschub leistet.

Ein Frevel ist es, dass das demokratische Frankreich, die Waffenstillstandsbedingungen missachtend, den deutschen Bezirken Elsass-Lothringens schon jetzt die fremde Amtssprache aufpresst, dasselbe Frankreich, das Jahrzehntelang den deutschen Sprachzwang in den welschen Bezirken als brutalen Imperialismus brandmarkte. Eine Schandtat ist es, wenn Italiäner, Slowaken, Tschechen und Polen sich wie die Schakale unter dem Schutz des britischen Löwen auf Grenzgebiete stürzen dürfen, die Jahrhundertelang als Bollwerke der deutschen Kultur in Ansehen standen. Ein Verbrechen ist es, wenn sich England an unsern Kolonieen bereichert.

Wir nehmen keinen Landstrich als deutsch in Anspruch, auf dem überwiegend fremdes Volk wohnt; wir ehren das Selbstbestimmungsrecht auch des kleinsten Nachbarvolkes, das eigene Sprache und Gesittung hegt. Aber Strassburg ist eine deutsche Stadt! Danzig und Breslau[9] sind deutsche Städte! Das Rheinland ist deutsch, Tirol ist deutsch! Es gibt Deutsch-Böhmen, Deutsch-Kärnthen, Deutsch-Krain! Und auf die wilden Länder und Völker, deren Kultivierung Deutschland angebahnt hat, behält es solange rechtmässigen Anspruch, bis der gesamte Kolonialbesitz sämtlicher Kulturnationen in die gemeinschaftliche Verwaltung des Völkerbundes übergeht.

Das alles ist so selbstverständlich, dass kein anständiger Mensch es anzweifeln kann. Wir rufen laut in die Welt: seid anständige Menschen! tretet ein für das einfachste Menschenrecht, für das Heiligtum der Blutsverwandtschaft! Wir rufen es nicht blos unsern Volksstämmen zu, nicht blos den Alemannen im Elsass, den Schwaben in Mähren, den Friesen in Schleswig; wir sind die Stimme des deutschen Gewissens,[10] die alle Völker anhören müssen vor dem ewigen Gerichtshof der Menschheit. Keine Untat bleibt ungesühnt; sie rächt sich noch an den Kindeskindern. Seht, ihr Völker, wie Deutschland jetzt leidet, weil es sich eine kurze Zeit von dem Grössenwahn der Machtsüchtigen verblenden und betrügen ließ![11] Ladet nicht dasselbe Unheil auf euch, indem ihr die gerechte Genugtuung[12] durch masslose Gewinnsucht entweiht!

Wir läuten die göttlichste Friedensglocke, die über dem menschlichen Kampfgewühl schwebt. Wir bieten jeden gemarterten Kriegsmann in jedem Land der Erde auf, jeden verkrüppelten Soldaten, alle Seelen der Hingeschlachteten: läutet mit! Warnt eure Völker vor dem Fluch, der auf den Raubtiergelüsten lastet! Keines großen Volkes Gewissen lässt sich auf die Dauer erwürgen! Der Grimm der Misshandelten wächst unvertilgbar![13] Lasst keinen Frieden über uns kommen, der die Saat neuer Rachekriege im Schooss trägt!

Julius Maria Becker. Emanuel v. Bodman. Waldemar Bonsels. Karl Bröger. Hermann Burte. Hans Carossa. Richard Dehmel. Paul Ernst. Herbert Eulenberg. Cäsar Flaischlen. Kurt Heynicke. Arno Holz. Bernd Isemann. Norbert Jacques. Hanns Johst. Jakob Kneip. Heinrich Lersch. Emil Ludwig. Thomas Mann. Alfred Mombert. Alfons Paquet. Richard v. Schaukal. Werner Schendell. Johannes Schlaf. Hermann Stehr. Will Vesper. Jakob Wassermann. Wilhelm Weigand. Josef Winckler.

1 Warnruf.]	Letztes Aufgebot.
2 der … träumt.]	der noch immer von Weltverbrüderung träumt.
3 Unsre … blind]	Unsre Revolutionsmänner katzbalgen sich um ihr bischen Regierungsmacht, blind

4 sondern ... Menschheit.]	sondern den freien Willen der ganzen Menschheit.
5 schicksalsschweren]	verhängnisvollen
6 Stern der Verheißung,]	heiligen Stern,
7 heiligem]	letztem
8 unsre]	unsere
9 Danzig und Breslau]	Danzig, Posen, Breslau
10 des ... Gewissens,]	des ganzen deutschen Volkes,
11 weil ... ließ!]	weil es dem Grössenwahn der Machtsucht eine kurze Zeit nachjagte!
12 Genugtuung]	Rache
13 Keines ... unvertilgbar!]	Das deutsche Gewissen lässt sich nicht rauben! Die deutsche Treue bleibt unausrottbar! Die deutsche Geduld ist nicht grenzenlos! Der Grimm der Misshandelten hat eine furchtbare Kraft!

Die Signatur des Typoskripts im Besitz der Staats- und Universitätsbibliothek Hamburg lautet: Dehmel-Archiv: Varia 6,49.

Rodaun 18. XII. 18

mein lieber Dehmel,

ich habe viel zu viel Achtung vor Ihnen, als dass es mir möglich schiene, dieses mir fast unbegreifliche Schriftstück, das Sie mir zur Unterschrift schicken, einfach liegen zu lassen. Und da ich als deutscher Oesterreicher einen Teil der Dinge, gegen die Sie reagieren, mitleide und diesen Teil sogar aus grösserer Nähe, so darf ich versuchen, zu begründen, warum es mir völlig unmöglich erscheint dies mit zu unterschreiben.

Ich weiss durchaus nicht, auf wen in der Welt dies wirken sollte und könnte, und ein Mann wie Sie macht doch keine Stilübungen. Es kann doch nur gemeint sein, durch dies auf Ausländer zu wirken. Aber diejenigen unter den Ausländern auf die so etwas wirken könnte, gerade *die* haben sich ja ganz deutlich in diesem Sinn geäussert. Anatole France hat so gesprochen, französische Kriegskrüppel haben in diesem Sinn demonstriert, in England und in Italien haben Einzelne so geschrieben. (wie stark oder wie schwach diese in ihren Ländern sind, das weiss ich nicht – aber jedenfalls sind ihre Stimmen stärker als jede deutsche Aeusserung heute, wäre sie von noch so vielen Dichtern unterzeichnet.) Lieber Dehmel, haben wir nicht genug von aller Declarativpolitik, noch nicht genug von halbstolzen, halb wehleidigen Worten – wollen wir nicht jetzt dies ertragen, komme es wie es komme, in der Gewissheit, dass das Unerträgliche, gerade das Unerträgliche – ich glaube durchaus nicht, daß man Unerträgliches auferlegen können wird – Gegenkräfte wecken, wunderbare Wendungen, *wirkliche* Wendungen hervorrufen würde? – Wollen wir nicht endlich einmal auf grandiose Weise still und stumm bleiben, statt ewig das nur halb haltbare zu perorieren? Sie sagen ja selber, dass die Franzosen jetzt im Elsass das tun was die Deutschen vice versa durch decennien getan haben – ohne fühlbare, ohne wirksame Auflehnung deutscher Intellektueller. – Sie rufen: es gibt ein Deutschböhmen! Keine Katze leugnet das. Niemand will diesen eine Autonomie streitig machen. Diese deutschen und cechischen Böhmen, – sehr verwandt miteinander – suchen einen Kraftausgleich und werden ihn schliesslich finden. Es gibt ein Deutsch-Kärnthen! Gewiss: auch ein slowenisch Kärnten. Und nun eine Teilung dort. und Uebergriffe des momentan oben liegenden Ringers, des slowenischen und charakterlose Leute en masse, die heute slowenisch sind, wie sie vorgestern deutsch waren. – Und ein bischen viel Enthusiasmus für Frankreich übrigens im Elsass und Lothringen und im Rheinland. – Und es gibt eigentlich kein Deutsch Krain. Aber es gibt in Krain eine deutsche Enclave – wesentlich *kleiner* als die tschechische Enclave in Wien, der man keine Gemeinderatsmandate und keine Schulen concediert!

(Und die deutschen Uebergriffe im Osten? und der Hakatismus? und der Brester Frieden?) – Was ist dies – und auf wen will dies wirken? »die deutsche Treue ist unausrottbar« – wer hält eigentlich jetzt in Deutschland wem Treue – wer? ich bitte Sie! (Natürlich ist es ein treues Volk – aber in der Sphäre politischer Declamation wird alles Wahre schief.) Nein: wir sollten jetzt alle zusammen ganz still sein, uns an das Unverlierbare halten und die Welt böse sein lassen: so wird eine neue Welt werden. Seien Sie mir nicht bös – ich schreib aus Achtung, schreib es für Sie und nur für Sie.

Ihr Hofmannsthal

Weihnachten 1918.
Lieber Hofmannsthal!

Es ist mir wirklich eine Weihnachtsfreude, daß Sie wenigstens nicht ganz »stumm« geblieben sind. Denn ich gestehe, es war mir schmerzlich, daß Sie und Hauptmann nicht zugesagt haben. Hauptmanns Ablehnungsgrund war recht oberflächlich, ja eitel. Zunächst erklärte er mir, daß ihm einige Wendungen (z. B. »Gottesurteil« und »gerechte Rache«) übertrieben vorkämen, wie das unter Dichtern ja selbstverständlich ist, wenn sie nur an den eignen Sprachgeschmack denken. Als ich ihm dann vorschlug, den Wortlaut mit mir durchzufeilen, stellte er jede gemeinsame Äußerung in solchen Gefühlsangelegenheiten als unrichtig hin, obgleich er zwei Wochen vorher selber einen gefühlspolitischen Aufruf mit andern Herren zusammen veröffentlicht hatte. Er scheint also die ganze soziale Massenbewegung noch immer blos unter dem Gesichtswinkel des literarischen Führers zu betrachten.

Ihren Standpunkt, lieber Hofmannsthal, kann ich sub specie aeterni viel eher verstehen. Auch ich habe während des Krieges oft gedacht: was hast du Dichter, dessen Werk in die Zukunft wirken soll, denn an der Gegenwart mitzuschaffen? Aber dieses ideale Verhältnis zur Weltgeschichte ist doch nur die eine Seite der Menschennatur; die andre bleibt mit allen Fasern an die reale Umwelt gebunden. Mag ich als Mitschöpfer am ewigen Kosmos mich noch so hoch entrückt fühlen über das zeitgenössische Chaos, mich warnt doch immerfort eine Stimme: du bist auch Geschöpf, du bleibst im Zeitlauf, dein göttlich Teil wurzelt im mitmenschlichen, überhebe dich nicht, die Hybris ist sündhaft! Wenn Sie sich also vergebens fragten, auf wen der Aufruf denn wirken solle, dann glaube ich Ihnen antworten zu dürfen: vor allem auf uns selbst, auf uns Dichter! Wir haben so oft im stillen bedauert, nicht zu einander kommen zu können, daß wir laut das Schicksal segnen sollten, das uns verzwickte Gottsucher endlich auf unsre einfachste Menschenpflicht hinstößt. Wir sind jeder in seiner Art ein Vorbild für die einsam ringenden Seelen, aber selbst die einsamste ringt nach Gemeinsamkeit. Wenn nicht einmal wir in dieser Zeit der wahnsinnig aufgewühlten Selbstsucht einen Zusammenschluß zustande bringen, wie soll sich dann die verbiesterte Heerde auf ihr bißchen Mitgefühl besinnen? Mit Recht wird die Volksmasse von uns denken: was geht ihr Dichter uns eigentlich an, wenn ihr uns in dieser furchtbaren Not nicht das kleinste Zeichen der Teilnahme gebt! Nichts weiter, Hofmannsthal, nichts weiter: nur ein kleines Zeichen der Teilnahme sollte dieser Aufruf sein. Ich hatte das Gefühl: wir m ü s s e n jetzt reden – und es war mir wie ein Wink von oben, als ich in dieser Stimmung einen langen Brief von einem Berliner Schlossergesellen bekam, worin u n t e r s t r i c h e n folgender Satz stand: »Unsre Politiker haben versagt, die Zeit drängt; die letzte und wertvollste Reserve, unsre Dichter müssen jetzt helfen!« Daß dieser brave Arbeitsmann unsern realen Wirkungskreis maßlos überschätzte, daß heute kein Aufruf deutscher Dichter, und wenn wir mit Engelszungen redeten, einen politischen Erfolg haben kann, weder im Inland noch gar im Ausland, das war mir natürlich durchaus bewußt. Aber eine moralische Wirkung wird dieser weihnachtliche Mahnruf trotzdem in der Welt hinterlassen; es wird ein Fünkchen davon weiterglimmen, das an andern Festtagen andre Dichtergruppen, schließlich vielleicht sogar einmal alle, zu ähnlichen Predigten anfeuern wird, und allmählich mit immer mehr Erfolg. Wäre es denn nicht wundervoll, wenn sich die Sitte einbürgerte, daß zu jedem hohen Feiertag das Volk mit Spannung darauf wartet: was werden uns diesmal unsre Dichter sagen? Nicht was dieser oder jener Einzelne Schönes oder Gutes meint; das wird ja schon heute in den Weihnachtsnummern, Osterbeilagen u. s. w. dem Zeitungsleser vorgesetzt. Sondern grade ein Manifest, das dermaßen vom Allgemeinsinn diktiert ist, daß 50–60 Leute von Geist es vor dem Volk verantworten können – zu solcher Nothelferschaft uns heranzubilden, wäre das nicht der Mühe wert ? und wann gäb's nicht irgend eine Not, die alle Gewissenhaften gleich schwer bedrückt! Ich bitte um Antwort, Hofmannsthal: wie denken Sie über diesen Gedanken? Sollte man nicht den Versuch machen, zunächst ein kleiner Kreis von Dichtern, solche Manifeste auszuarbeiten, das beste dann immer auszuwählen, es einem größeren Kreis zur Mitunterzeichnung (später auch Mitarbeit) vorzulegen und beim nächsten Fest zu veröffentlichen? – Auf Ihren Einwand gegen meinen diesmaligen Aufruf, ausländische Dichter hätten dasselbe schon mehrmals ebenso deutlich gesagt, kann ich nur erwidern: umso besser! grade deshalb war er n i c h t überflüssig! der Kreis muß immer weiter werden! Sollen wir Deutsche denn ewig den Anschluß versäumen und wie die begossenen Pudel abwarten, was für Unrat man uns noch aufs Fell schütten wird? Das ist es ja, was wir Wolkenkuckuksheimer am biedern Michel gesündigt haben, daß wir uns immerfort »still verhielten«, blos den lieben Gott walten ließen, d. h. seine Stellvertreter auf Erden, erst unsre eignen Allerhöchsten, dann auch gar noch die fremden Weltverwalter. Kein Wunder, daß man im Ausland denkt: dies Volk läßt sich ja alles gefallen, wozu sollen wir uns genieren! –

Zum Teufel, das muß endlich anders werden; Gott hat uns unsern Mund nicht gegeben, daß wir ihn immer erst nachträglich auftun. Sich mit Würde ins Unvermeidliche schicken ist nur dann eine heilige Handlung, wenn man alles getan hat, es zu vermeiden; sonst wird die Ehrfurcht vorm Schicksal leicht zur Pose, mit der wir unsre Bequemlichkeit, unsre Herzensträgheit maskieren. Selbst Goethe ist dieser Gefahr erlegen, und da wurde sein Genius banal; mir wenigstens haben alle Worte, die er dem Befreiungskrieg nachträglich widmete, einen fatal philiströsen Beigeschmack. Und heute – gewiß, auch mir gibt wie Ihnen das deutsche Schicksal die Zuversicht, daß »grade das Unerträgliche Gegenkräfte wecken wird, wunderbare Wendungen, wirkliche Wendungen hervorrufen wird« – aber nicht ohne unser Zutun, und auch nicht im Handumdrehn. Gottes Mühlen mahlen langsam, und wir müssen immerfort Korn aufschütten, wenn sie nicht blos Wind mahlen sollen. Wir sind ja selber Glieder am Finger Gottes; also seien wir eifrige Mitglieder!

Mit diesem Neujahrswunsch

[handschriftlich:]   Ihr Dehmel.

Bitte, verzeihen Sie die Maschinenschrift; ich habe zur Zeit soviel Schreibarbeit, daß ich zu diesem Hilfsmittel greifen mußte.

—

Welche Kluft auch des politischen Denkens damals Hofmannsthal von Dehmel trennte, noch tiefer als es naturgemäß ihr Briefwechsel zum Ausdruck bringt, mag aus einigen ebenfalls bisher ungedruckten Kommentaren Hofmannsthals zum Zeitgeschehen erhellen, deren Mitteilung ich Dr. Rudolf Hirsch verdanke.

Aus einem Brief an Ottonie Gräfin Degenfeld vom 26. XI. 1918:

Goethe ist mir in allen diesen Tagen eine unglaubliche ressource, mit Eberhard
[v. Bodenhausen] unterhalte ich mich beständig über alle diese Dinge, er freut sich
daß ich auch in den absurdesten Tagen nie den Kopf verloren und nie die Linie des
Denkens (auch des politischen) verloren habe, ich mache ihm Vorwürfe über die
starrsinnige Unbelehrbarkeit aller Norddeutschen in allen diesen Dingen (in Österreich hat sich alles so entwickelt wie ich seit 1917 jedem sagte, und keiner hören
wollte) – [...] In dem Ganzen ist für mich doch etwas Erlösendes, ich habe das, was
jetzt stürzt in diesen Tagen wahrhaft hassen und verachten gelernt, aber Lichtpunkt
ist nur die Fortsetzung Ludendorffs, so muß sich das Gewicht umlagern vom Nord-
osten nach dem alten Südwesten und Deutschland wieder Deutschland werden nach
dem furchtbaren preußischen Starrkrampf, den beständige Injectionen künstlich steigerten und steigerten – bis ans furchtbare Ende.

Aus einem Brief an Richard Beer-Hofmann vom 9. V. 1919:

Im Kriege sei ihm »das Verhältnis zur eigenen Nation aufs schwerste erschüttert
worden.« Und weiter:

Mir flößen nun diese rätselhaften Entitäten der Nationen, ein solches Grauen ein,
daß jedes harmlose Wort, das auf die Nation reflectiert, mich krank macht. Vielleicht
wären die Chinesen die einzigen, aus deren Mund ich momentan eine Äußerung des
nationalen Selbstgefühls – ob des triumphierenden oder leidenden ertrüge.

Aus einem Brief an Ludwig von Hofmann vom 23. VIII. 1919:

Sie sagen: Teuflisches Weltgeschehen – ja, aber ein deutscher Sieg wäre schlim-
mer gewesen, und verderblicher für die Welt, auch nach innen!

Hofmannsthal hatte damit eine Position bezogen – und Dehmel eine entsprechende
Absage erteilt –, wie sie ihm selbst Stefan George dreizehn Jahre früher zukommen lassen wollte, allerdings ohne den Brief abzusenden; es war der zweitletzte
der uns erhaltenen.

Weil die Ähnlichkeit des Anliegens *und* die Verwandtschaft der Antwort offen-
kundig sind, lohnt sich vielleicht ein Vergleich:

Hofmannsthal hatte am 1. Dezember 1905 aus Weimar um Georges Unterschrift
unter eine Proklamation gegen einen drohenden deutsch-englischen Krieg gebe-
ten; er möge dieser Sache von allgemeinstem öffentlichem Interesse und großer
Dringlichkeit doch bitte seinen Namen leihen, zusammen mit »40–50 der absolut
ersten Namen des Landes (mit Ausschluß von Berufspolitikern).« – George jedoch entgegnete u. a. in seinem mit 4. Dezember 1905 datierten, nicht abgesandten
Brief:

wir treiben doch weder mit geistigen noch mit greifbaren dingen handel von hüben nach drüben. was soll uns das? [...] Krieg ist nur lezte folge eines jahrelangen sinnlosen draufloswirtschaftens von beiden seiten. das verklebmittel einiger menschen däucht mir ohne jede wirkung. Und noch weiter gesehen: Wer weiss ob man als echter freund der Deutschen ihnen nicht eine kräftige SEE-schlappe wünschen soll damit sie jene völkische bescheidenheit wieder erlangen die sie von neuem zur erzeugung geistiger werte befähigt. Ich hätte mit grösserer gelassenheit erwidert wenn sich nicht die trauer darüber einstellte dass es kaum noch einen punkt zu geben scheint wo wir uns nicht misverstehn.

St. G.

Wie das ja bald in Gänze zu erwartende Briefgespräch zwischen Josef Redlich und Hofmannsthal noch deutlicher zeigen wird, hatte dieser bei Kriegsende nun seinerseits die Einsicht erlangt, daß dem geistigen Deutschtum nicht gedient war mit einem Triumph der alten politischen Strukturen. Hofmannsthal teilte das Bedürfnis vieler nach Erneuerung. Aber aus dem Bewußtsein dessen, was verloren ging, war er wohl strenger im Fordern als die meisten und wurde mit der enttäuschten Hoffnung schließlich auch einsamer als je zuvor.

Hinweise

Nach Gelegenheit sollen hier fortan Beobachtungen und Bemerkungen zu Hofmannsthals Schaffen und Leben Aufnahme finden, die keines ausführlichen Kommentars bedürfen. Auch Miszellen aus dem Leserkreis sind jederzeit willkommen.

Einem Anstoß von Hofrat Dr. Walter Ritzer, Wien-Rodaun, verdanken wir die Kenntnis des Folgenden:

HOFMANNSTHALS TEILNAHME

AN JOSEF REDLICHS POLITISCHER AKTIVITÄT

Über die Art und den Weg von Hofmannsthals Versuch einer Einflußnahme auf das politische Geschehen zu Beginn des Krieges sagt wohl der Brief an Bodenhausen vom 7. X. 1914 das Entscheidende, Hofmannsthal schreibt:

> Ich bin nun, schon seit Wochen, aus meiner militärdienstlichen Tätigkeit ganz in die politische hinübergezogen, aber in einer ganz anonymen Weise. Ich kann Dir dies erst später auseinanderlegen. Es hängt damit zusammen, daß die wenigen fähigen Köpfe von Berchtolds Cabinett zufällig nahe Freunde von mir sind, und von meinem Kopf etwas halten. Gebe Gott, daß ich einmal im Leben nützlich sein könne – das Gefühl, nicht ganz umsonst auf der Welt zu sein, nimmt einem Bergeslasten von der Seele.

Daß auch nach den mehrfachen Kabinettsumbildungen der ersten Kriegsjahre Hofmannsthals persönlicher Kontakt mit befreundeten Politikern ein wichtiger Weg sowohl für seine eigene Meinungsbildung als auch für die Übermittlung der im neutralen oder besetzten Ausland gewonnenen Einsichten blieb, zeigt seine Teilnahme an einem Vortrag des Reichsratsabgeordneten Josef Redlich über die Nationalitätenfrage im Sommer 1917. Wie das polizeiliche Referat beweist, bestand nun eine weitgehende Übereinstimmung zwischen Hofmannsthal und Redlich, nachdem früher der Realpolitiker den Dichter vor einer illusionistischen Einschätzung der Lage hatte warnen müssen.

Hofmannsthals Pragreise dauerte vom 18. bis zum 25. Juni. Am 27. Juni fand im ›Österreichischen Politischen Club‹ eine Versammlung statt, die er besuchte. Wir entnehmen das Zensur-Protokoll dem Buch von Heinrich Benedikt, ›Die Friedensaktion der Meinlgruppe 1917/18‹ (= Veröffentlichungen der Kommission für Neuere Geschichte Österreichs 48), Graz/Köln 1962, S. 98 f.

k.k. Bezirks-Polizei-Kommissariat   Wien, am 1. Juli 1917
Innere Stadt. Wien

Amtsrelation

über den Verlauf der von zirka 100 Personen besuchten Versammlung, der »österr. politischen Gesellschaft«, die am 27. Juni 1917 abends Johannesgasse 20 stattfand und bei der der Gefertigte als Abgeordneter der Behörde intervenierte.

Die Versammlung leitete der Präsident des Vereines Hofrat Wettstein von Westersheim.

Er erteilte das Wort zunächst dem Abgeordneten Prof. Dr. Josef Redlich. Dieser plaidiert in einer längeren Rede für eine Versöhnungspolitik unter den Nationen Österreichs. Er rät dringend zu einem guten Einvernehmen mit den Tschechen, die einen Anspruch auf ein Entgegenkommen seitens der Deutschen mit Recht erheben. Der Deutsche müsse seine Grundsätze ändern. »Die Atmosphäre des Hasses muß weg aus Österreich.« »Für die ostpreußischen Junkerideen ist in Österreich kein Platz.« Man habe zu bedenken, daß die Forderungen der Tschechen, insoferne sich diese auf nationalem Gebiete bewegen, einer historischen Grundlage nicht entbehren. Es habe Regierungen gegeben, die ihnen Rechte gaben, die wieder andere Regierungen nahmen. Nach wie vor sei es eine Pflicht der Deutschen, Österreich als Einheitsstaat zu erhalten; aber dies sei gegenwärtig nur durch eine Verständigungspolitik möglich vor allem durch ein kluges Nachgeben gegenüber den Tschechen. Der größte Teil der Verwaltungsagenden müsse fortab nur national gelöst werden. Redner gibt dann einen Überblick über die Geschichte der nationalen Spannungen der Zeit nach Rieger, Palacky, Smolka und kommt zu dem Schlusse, daß die Kremsierer Verfassung »die beste Grundlage Österreichs« wäre.

Die Rede Dr. Redlichs wurde mit großem Beifall aufgenommen.

Nach ihm und ganz im Sinne des Dr. Redlich spricht der 2. Redner Reichstagsabgeordneter Ernst Zenker. Er rät auch dringend zur Versöhnungspolitik und schwärmt von einem »föderativen Zukunftsstaat Österreich«. Österreich werde erst erstarken, wenn die Nationen, obwohl jede für sich Verwalterin ihrer nationalen Eigenart und Bestrebungen, das Bedürfnis nach einem gemeinsamen Ziele, nach einer gemeinsamen obersten Leitung fühlen werden. Redner kann sich den »Einheitsstaat Österreich« nur im Rahmen eines Bundesstaates denken, beim Fortbestehen der gegenwärtigen politischen Mißstände sei der »Einheitsstaat Österreich« eine Phrase. An die Adresse der Deutschen habe er aber gleich Dr. Redlich die Worte zu sprechen »Die fixe Idee der Vorherrschaft muß weg!« Obwohl er dies sage, denke er immer noch und werde er immer an die Mission der Deutschen denken, die seines Erachtens nicht im »Vorherrschen« sondern im »Leiten und friedlichen Führen« der anderen Nationen gelegen ist.

Auch seine Rede wurde sehr beifällig aufgenommen.

Der 3. im Programme vorgesehene Redner R.R.A. Dr. Renner ist nicht erschienen.

Um 1/4 11 nachts schloß der Präsident die Versammlung, die ohne Zwischenfall verlief.

Benedikt stellt anschließend an dieses Protokoll aus den Akten fest: »An der Versammlung, die wegen der außergewöhnlichen Hitze, die an diesem Tage herrschte, nur schwach besucht war, nahmen unter anderen Lützow, Kielmannsegg, Lanckorónski, der alte und der junge Dr. Breuer, Hofmannsthal und Auernheimer teil.«

—

Die Forschungen Heinrich Benedikts zeigen aber auch, in welchem Maß Hofmannsthals Widerstand gegen den Anschluß Rumpf-Österreichs an Deutschland, den er in seinem Brief an Efraim Frisch vom 10. VI. 1919 begründet, jenem der Gruppe um Meinl, Lammasch und Redlich entsprach, aus welcher Ende Oktober 1918 das Liquidations-Kabinett hervorgegangen war, mit Redlich als Finanzminister und Lammasch als Ministerpräsident.

Der dann von den Sozialisten unter Bauer befürwortete »Anschluß« wurde bekanntlich von den befragten Ländern Deutschösterreichs gutgeheißen, aber schon bald unter dem Druck der Entente aufgegeben. Auf ein kritisches Memorandum zu dieser Frage aus der Feder des einflußreichen Großkaufmanns Julius Meinl (1869–1944) in Benedikts Werk machte mich ebenfalls Hofrat Dr. Ritzer aufmerksam.   M. St.

EIN BRIEF

KESSLERS AN HOFMANNSTHAL

Am 24. Mai 1909 schrieb Kessler an Hofmannsthal mit mehr gemimter als empfundener Freundschaft einen energisch kritischen Brief, in dem er die poetische Ausdrucksweise des Ochs im 1. Akt des ›Rosenkavalier‹ rügt; am 28. des gleichen Monats bittet er um Nachsicht für seine Ausdrucksweise. Zwei Tage später erwidert Hofmannsthal, aber diese Antwort wird erst ganz verständlich, wenn man von einem Brief Kesslers vom 25. Mai Kenntnis nimmt, der in der Ausgabe der Korrespondenz (Insel Verlag, 1968) nicht enthalten ist. Er sei hier ungekürzt wiedergegeben.

P. S. zu meinem gestrigen Brief.   Paris, d. 25. V. 09

Lieber, natürlich bezieht sich, was ich über Ochsens Mangel an Humor sage, *nur* auf seine »Arie«; im Übrigen *hat* er ja Humor, und kostbaren. Nur dem größeren Teil der Arie fehlt diese Würze, wenigstens für meinen Geschmack. Zum Teil liegt diese Annäherung ans Tragische und Pathetische sicher am rhythmischen Aufbau;

390

wenn man diesen brechen oder unterbrechen könnte, würden *dieselben* Worte gewiß schon eine andre Färbung bekommen. Ich denke immerfort an diesen Akt, der mir im Übrigen so ausgezeichnet gefällt. Dein H. K.

Ein Vetter von mir heiratet hier in Paris am 9ten Juni. Bis *dahin* bleibe ich *sicher* hier, da ich Brautführer bin.

Hofmannsthal antwortete: »Ja: nicht inhaltlich hab ich verfehlt, auch nicht einmal so sehr im Wortlaut, sondern in der inneren Haltung, im Mimischen. Das Arienhafte durchbrach mir die mimische Präcision mit der die Figur sonst gehalten ist.«

RUDOLF HIRSCH

HOFMANNSTHALS WIENER GOETHE-VORTRAG 1902

Über Hofmannsthals im Wiener Goethe-Verein im Frühjahr 1902 gehaltenen, ungedruckten Vortrag war bisher nur ein Bericht bekannt: die Selbstrezension ›Vortrag von H. v. H. im Goetheverein / Skizze des Inhalts‹ für Payer von Thurn (Briefe 1900–1909, S. 64 f.).

Hofmannsthal meinte gegenüber Hermann Bahr, dessen ›Dialog vom Tragischen‹ (Berlin: S. Fischer 1904) drücke »viel geformter« aus, womit er in seinem eigenen Vortrag sich »abgemüht hatte, ohne den verworrenen Knäuel leicht und gut abwickeln zu können.« (Briefe 1900–1909, S. 128 f.).

Eine zeitgenössische anonyme Rezension, auf welche Richard Alewyn uns freundlicher Weise aufmerksam macht, enthält Formulierungen und skizziert Gedankengänge, welche die genannte Mitteilung ergänzen. Diese Rezension ist aller Wahrscheinlichkeit nach am 20. II. erschienen und bezieht sich auf den Vortrag; somit dürfte Hofmannsthals Goethe-Vortrag am 19. Februar 1902 stattgefunden haben. (Entsprechend wäre in Briefe 1900–1909 der Brief Nr. 48 nach Nr. 50 einzuordnen.) M. ST.

(WIENER GOETHE-VEREIN.) In diesem Verein sprach gestern Dr. Hugo v. Hofmannsthal über Goethe's dramatischen Styl in den drei Dramen ›Iphigenie‹, ›Torquato Tasso‹ und ›Die natürliche Tochter‹ und stieg im Verlaufe seiner Betrachtungen zu einer Beurtheilung des Goethe'schen Wesens überhaupt auf, seiner ganzen Art, dichterisch zu empfinden und zu gestalten. Er führte des Näheren aus, wie Goethe, aus Italien mit geläutertem und vertieftem Formensinn in die trübe deutsche Welt und den verständnißlosen Freundeskreis zurückgekehrt, in erhabener Einsamkeit und innerer Isolirtheit lebte, die Phantasie von Gestalten bevölkert, die insgesammt auf einem Niveau standen, auf dem sie sich gegenseitig über das tiefste Sittliche aufzuklären und hierüber Aufklärung entgegenzunehmen wirklich im Stande sind. Goethe's Figuren sind tragisch-episch, in ihrem Thun und Leiden bleiben sie sich des Weltbildes klar bewußt; dieser dramatischen Gebilde Inhalt ist nicht Tragik, sondern Cultur, Bildung; wir sehen Menschen, die gleichsam in einem äthergleichen Medium schweben und geistig aufeinander wirken, sich aneinander bilden wollen. Und selbst der Schmerz kommt nur noch als Bildungsquelle in Betracht. Daher die schöne Haltung, die wundervolle Fassung der Goethe'schen Figuren in den drei genannten Dramen, die man als höchste Documente der Lebenskunst bezeichnen könnte. Es erübrigt noch, zu sagen, daß dieser aufs knappste skizzierte Gedankengang mit einer Fülle glänzender Worte, interessanter Citate, wirklicher Einsichten und stimmungsvoller Episoden gleichsam umkleidet war, so daß der Vortragende den lebhaften Beifall des zahlreichen und eleganten Auditoriums als gerechte Belohnung entgegennehmen konnte.

FORTSETZUNGSPLÄNE ZU »ANDREAS« · MITGETEILT
VON WALTHER BRECHT

Die Angaben, die Walther Brecht über die geplante Verschiebung und geradezu schwindelerregende Fortspinnung des ›Andreas‹-Komplexes 1930 machte – kein Wunder, daß Hofmannsthal damit nicht fertig wurde – sind wesentlich ausführlicher und genauer, als was Hofmannsthals Aufzeichnungen zu entnehmen ist und haben daher Zeugniswert. Sie sind zwar leicht zugänglich, aber bisher unbeachtet geblieben und verdienen einen Neudruck.

Hinweis von Richard Alewyn

[Walther Brecht: Ein Romanfragment Hofmannsthals. Süddeutsche Monatshefte, Juni 1930, S. 455, erster Absatz.]

Daß der Roman ein großes geschlossenes Bild des Lebens, ja der Welt hinstellen solle, diese Grundüberzeugung leitete auch Hofmannsthal bei der Konzeption des Romans von der Bildungs- und Lebensreise des jungen Herrn von Ferschengelder. Es sollte ursprünglich wohl ein mäßiges, später ein umfangreiches Buch werden, sein Schauplatz ursprünglich das alte Wien und die in der Kulturatmosphäre des theresianischen Österreich dazugehörigen Länder – vor allem die Alpengegenden und Venedig, das ja immer eine Seelenheimat Hofmannsthals und ein Schauplatz seiner innerlichen Geschehnisse war. Wenn er später von diesem Plane sprach, so war es in den letzten Jahren nicht mehr das Österreich der großen Kaiserin, son-

dern das Wien und Österreich Metternichs, in das die Erlebnisse des jungen Ferschengelder hineingestellt werden sollten, und mit dem Hofmannsthal sich in
ausführlichen Studien beschäftigte. Der Lebensraum des Helden war in der späteren Fassung so gewählt, daß das Österreich des 18. Jahrhunderts, das theresiani-
sche und josephinische, mit ihren eigentümlichen Kultursphären, noch gerade
hineinscheinen sollten – Geburtsjahr also etwa 1790 –; dann sollte er die Welt-
konstellation der eigentlich napoleonischen Zeit erleben, und in der darauffolgen-
den Restaurations- und Metternichperiode, anknüpfend an den Wiener Kongreß,
im Verfolg einer frühbegonnenen diplomatischen Laufbahn in eine Reihe von
Hauptstädten kommen, die für den Umkreis von Österreichs damaliger Weltgel-
tung bezeichnend waren. Er sollte Attaché bei der Gesandtschaft in Teheran sein,
nach Konstantinopel, nach Ägypten kommen, auf diese Weise in seiner Person
und seinen Erlebnissen die österreichischen Beziehungen nach der Levante darstellen und die Orientfrage zur Zeit Metternichs aufrollen; er sollte vor allem in diplo-
matischer Verwendung dann nach Italien gelangen, und die so verwickelte und
gespannte Welt der Beziehungen Österreichs zu seinen italienischen Untertanen
kennen lernen, die Sphäre Mazzinis und der Karbonari mehr als berühren, die
gesamte italienische Freiheitsbewegung – bei einem irgendwie bedeutenden Anlaß
aber aus dem diplomatischen Dienst austreten und sich nach Österreich, zuerst
aufs Land, dann nach Wien zurückziehen; auch die deutsche Frage sollte in irgend-
einer Weise hineinspielen, etwa durch Reisen, die der Held in diesem späteren
Zeitpunkte unternahm. Auf diese Weise sollte das Gesamtgebilde Österreich,
mehr noch kulturell als politisch genommen, in seiner heute vielfach auch von
Deutschen nicht mehr gekannten einstigen Geltung nach Osten, Süden, Westen,
Norden, mehr noch seiner inneren Mächtigkeit und seinem eigentümlichen Lebens-
stile nach, anschaulich und groß in Erscheinung treten.

Diskussion

In dieser Rubrik möchten wir künftig auf Äußerungen und Veröffentlichungen über Hofmannsthal hinweisen, welche Interpretationsprobleme im weitesten Sinn in einer Weise erörtern, die Widerspruch herausfordern oder den Wunsch nach Ergänzung wecken könnte. Wir erhoffen uns davon eine Klärung und eine Belebung des wissenschaftlichen Gesprächs.

Der folgende, vom Autor selbst als polemisch bezeichnete Beitrag erschien im August 1970 in der ›Frankfurter Rundschau‹ (1. 8. 1970, 175, Beilage ›Zeit und Bild‹, S. IV). Wir drucken ihn auf seinen Wunsch hin in einer überarbeiteten Fassung, welche – ohne die Einleitung – einem Kapitel seines eben im W. Kohlhammer Verlag, Stuttgart, veröffentlichten Buches über Joseph Roth entspricht. (›Joseph Roth. Mit einem Essay über Gustave Flaubert‹. – Dort auch die Nachweise der Zitate.)

JOSEPH ROTH, HOFMANNSTHAL UND DAS KUNSTGEWERBE

Von Hartmut Scheible

Gemeinde und Publikum

Musils Äußerung, daß Joseph Roths einziges Verdienst es sei, »ein halbwegs schulgerechtes (postklassisches) Deutsch« zu schreiben, bleibt heute nicht unwidersprochen. Als in der zweiten Hälfte der sechziger Jahre seine Romane ›Der stumme Prophet‹ und ›Das Spinnennetz‹ zum erstenmal in Buchform herauskamen, schien seine Stellung sich verändern, eine Art Roth-Renaissance sich vorbereiten zu wollen; aber der Schein trog, nicht zuletzt wohl auch deshalb, weil schon damals die 1956 erschienene, von Hermann Kesten edierte dreibändige Werkausgabe seit Jahren vergriffen war und der Verlag Kiepenheuer & Witsch keine neue Ausgabe zu veranstalten oder wenigstens die alte nachzudrucken gedachte. ›Der stumme Prophet‹, der schon die Bestsellerleiter erklommen hatte, stieg wieder herunter, wortkarger denn zuvor.

Ganz anders stehen die Dinge bei Hugo von Hofmannsthal. Eine stattliche, wenn auch philologisch zweifelhafte Ausgabe liegt vor, der umfangreiche Nachlaß wird in der geplanten, 36 Bände umfassenden Kritischen Ausgabe enthalten sein.

394

Die den periodisch erscheinenden ›Hofmannsthal-Blättern‹ (nicht im Buchhandel erhältlich, nur für Mitglieder der Hofmannsthal-Gesellschaft, so exklusiv ist man da) beigegebene Bibliographie läßt erkennen, daß auch die Flut der Forschungsliteratur vorläufig nicht sinkt. Zu fragen wäre natürlich, ob dem so einseitig verteilten Interesse ein ebensogroßer Qualitätsunterschied zwischen Roth und Hofmannsthal entspricht. Zumal wer die germanistische Literatur über Hofmannsthal durchsieht, könnte zu dieser Ansicht neigen; denn Kritik tritt hier weitgehend zurück, nicht selten wird einer neutraleren Terminologie die private, dem »Jargon der Eigentlichkeit« mitunter bedenklich nahestehende Begriffshierarchie (»Präexistenz«, »Daseinsstufen«) des Dichters vorgezogen. Arbeiten, die das Recht auf kritische Distanz beanspruchen, sind selten. Hofmannsthal, und das ist allerdings bestimmt nicht allein Schuld der Germanisten, hat kein Publikum. Er hat eine Gemeinde.

Solcher Sektenbildung leistet Joseph Roth keinen Vorschub, auch wenn die politischen Äußerungen seiner letzten Jahre – er starb 1939 als Emigrant in Paris – in ihrer hoffnungslosen Habsburgtreue selbst etwas Sektiererisches haben. Sein letzter Roman, ›Die Kapuzinergruft‹ (1938), legt betrübliches Zeugnis davon ab, wie die Verzweiflung des Emigranten über den Zustand Europas ihm schließlich, wo es um »große« Politik ging, die Urteilsfähigkeit nahm. Trotzdem blieb auch hier noch, wenigstens in Bruchstücken, erhalten, was wohl den größten Vorzug auch seiner früheren Werke ausmacht: die Fähigkeit, das Detail so zu analysieren, daß es über sich selbst hinausweist und die gesamte Situation, in der es einen nur unbedeutenden Platz einzunehmen schien, durchschaubar werden läßt. Die allem bloß Ungefähren sich versagende Konkretheit eines solchen Prozesses stiftet keine Gemeinde: sie verlangt ein Publikum.

Prätention des Kunstgewerbes

An keinem anderen Gegenstand läßt dieser Gegensatz zwischen beiden Autoren sich deutlicher nachweisen als in der Gegenüberstellung der Äußerungen von Roth und Hofmannsthal zum Kunstgewerbe, das selbst deutlich gemeindebildende Züge aufweist.

Der Held von Roths ›Kapuzinergruft‹, Franz Ferdinand Trotta, sieht sich, aus dem Weltkrieg zurückgekehrt, mit der Tatsache konfrontiert, daß seine Frau inzwischen mit einer Ungarin namens Szatmary einen Kunstgewerbebetrieb aufgezogen hat. Was zunächst vielleicht überrascht: daß die hieraus sich entwickelnde Polemik gegen das Kunstgewerbe so zentral innerhalb der kulturkritischen Intentionen dieses Romans steht, ist allerdings nicht auf Willkür des Autors zurückzuführen, sondern auf die Prätention universaler Bedeutung, die der kunstgewerblichen Bewegung eigen war. Trotta berichtet:

Ich erkundigte mich nach ihrer Arbeit. Ich vernahm einen Vortrag über die Unfähigkeit Europas, Materialien, Intentionen, Genialität des Primitiven zu erkennen. Notwendig war es, den ganzen verirrten Kunstgeschmack des Europäers auf den rechten natürlichen Weg zu bringen. Der Schmuck war, soviel ich verstand, ein Nutzgegenstand. Ich zweifelte nicht daran. Ich sagte es auch. Auch gab ich bereitwillig zu, daß der Kunstgeschmack der Europäer verirrt sei. Ich konnte nur nicht einsehen, weshalb lediglich dieser verirrte Kunstgeschmack allein schuld sein sollte an dem ganzen Weltuntergang; vielmehr sei er doch eine Folge, sicherlich nur ein Symptom.

Der Einwand liegt nahe, daß, angesichts der nicht immer treffenden Polemik des späten Roth, hier vielleicht einem dem Autor verhaßten Phänomen Eigenschaften unterstellt werden, die diesem gar nicht zukämen; daß Roth also die Selbsteinschätzung des Kunstgewerbes übertrieben habe, um ein desto leichter zu treffendes Ziel zu bekommen. Klärung mag hier ein Blick auf die Äußerung Hofmannsthals zu demselben Gegenstand bringen: die Rede, die er kurz nach dem Ersten Weltkrieg vor Mitgliedern des Österreichischen Werkbundes hielt. Mit einiger Sicherheit ist anzunehmen, daß Roth diesen Vortrag nicht kannte; keinesfalls aber hatte er ihn gegenwärtig, als er fast zwanzig Jahre nach Hofmannsthal im Pariser Exil ebenfalls sich zum Kunstgewerbe äußerte. Wenn Roths Polemik sich dennoch mitunter wie eine direkte Erwiderung auf Hofmannsthal liest, dann kann schon hieraus geschlossen werden, daß beide Autoren die wesentlichen Punkte der Kunstgewerbeideologie berühren.

Schon der Titel von Hofmannsthals Ansprache: ›Die Bedeutung unseres Kunstgewerbes für den Wiederaufbau‹ legt die Vermutung nahe, daß die Prätention des Kunstgewerbes, die in dem zitierten Abschnitt aus der ›Kapuzinergruft‹ kritisiert wurde, nicht bloß auf den subjektiven Eindruck Roths – beziehungsweise seiner Romanfigur – zurückging, sondern daß das Kunstgewerbe tatsächlich zu Höherem sich berufen fühlte. Hofmannsthal sagt zu den österreichischen Kunstgewerblern:

> Es muß Ihnen leichter sein, mit Ihren klaren, bodenständigen, vernünftigen und auch für den Staat verständlichen wichtigen Bestrebungen in einem verkleinerten Ganzen zur Geltung zu kommen als in einem großen, wo das beständige Ausbalancieren nationaler Interessen, die sich dann doch in wirtschaftliche Wünsche umsetzten, die oberen Stellen an ein derart kompliziertes Schachspiel band, daß es vielleicht nicht in der wünschenswertesten Weise möglich war, immer für Ihre Interessen den Rahmen zu schaffen. Kleinere Einheiten sind es ja von jeher gewesen, die im höchsten Sinne kulturschaffend gewesen sind, und kleinere Einheiten, als unsere kleine Republik ist, waren als Republik Athen Träger der Weltkultur, als italienische oder deutsche Städterepubliken mindestens Träger eines höchst bedeutenden Teiles der Weltkultur ihrer Jahrhunderte.

Die Betroffenheit über die Ohnmacht Österreichs in der Nachkriegszeit erfährt in diesen Worten eine merkwürdige Kompensation; aber die Krücken, mit denen

Hofmannsthal dem Kunstgewerbe, durch Vergleich mit der athenischen Kultur, aufhelfen will, erweisen sich dann doch als zu groß. Hofmannsthal mag das gespürt haben; die Prätention seiner Ausführungen wird gestützt durch eine Häufung von Floskeln, die geeignet sind, Zweifel an der eigenen Stellung von vornherein nicht aufkommen zu lassen: Beteuerungen der eigenen Auserwähltheit (»Durch die ganze deutsche Kulturwelt in ihren höheren Schichten« – »jeder von uns Geistigen«) mischen sich mit dem genormten Zuspruch typischer Festansprachen (»Ihnen ist besser wie mir ... bekannt« – »Sie sind so gut wie ich darüber unterrichtet«) bis hin zu tröstlichem Quidproquo: »Seien Sie eine Macht; denn Sie sind eine. Sie sind eine sehr hohe Instanz.« Hier versucht jemand an dem altfränkischen Zopf, den abzuschneiden man vergaß, sich selber aus dem Sumpf der Phrase zu ziehen.

Das »emporkultivierte Bäuerliche«

Auch der Hang zum Primitivismus, das zweite Charakteristikum des Kunstgewerbes jener Zeit – Roth moquiert sich auch hierüber in dem angeführten Absatz –, findet seine Entfaltung in Hofmannsthals Ansprache. Dem »Kulturkomplex« – der Begriff hat, die Bemerkung von Karl Kraus über die »Familienbande« zu variieren, »einen Beigeschmack von Wahrheit« – soll »jenes Moment des emporkultivierten Bäuerlichen, das in unserem Kunstgewerbe eine so große Rolle spielt«, integriert werden. Das »emporkultivierte Bäuerliche«: trüb mischen sich in dieser Wortzusammenstellung Fetischisierung und geheime Geringschätzung des Primitiven; das Adjektiv wertet ab, was angeblich so erstrebenswert ist. Es ist nicht recht zu begreifen, wie eine solche Äußerung neben jener sehr klarsichtigen und deutlichen Warnung stehen kann, die Hofmannsthal in derselben Ansprache formuliert:

> Jedenfalls werden Sie sich ja auch vor gewissen Dingen hüten, die nun wieder innerhalb Ihrer Atmosphäre Manier werden könnten. Dazu würde ich mir vielleicht zu rechnen erlauben das nicht ganz Ungefährliche des Wiederholens naiver Formen aus der Biedermeierzeit. Es entsteht vielleicht nie etwas ganz Gutes, wenn naivere Formen und naivere Ornamente, eine naivere dekorative Welt wiederholt wird von einer komplizierteren, mit der Andeutung gleichzeitig, daß man sich darüber überlegen findet.

Der Nachahmung biedermeierlicher Formen also verweigert Hofmannsthal seine Zustimmung – die Restauration mittelalterlicher Gegebenheiten hält er dagegen für erstrebenswert. Wer hier von einem völlig ideologisierten Denken spricht, von einer unglaublichen Blindheit gegenüber der Situation der Nachkriegszeit, gerät leicht in den Verdacht, durch Manipulation von Zitaten Hofmannsthal diffamieren zu wollen. Eine der entscheidenden Passagen dieser Rede sei deshalb ausführlich und ohne Auslassungen wiedergegeben:

Ein drittes Moment, das, wenn wir das Innere betrachten, Ihren Bestrebungen günstig sein muß, ist neben der moralischen Entwertung des Geldes und der Antigroßstadtbewegung die zunehmend klar hervortretende Geltung des bäuerlichen Elements in Österreich. Der bäuerliche Geist, insofern er eben auch der Geist der bäuerlichen Heimat ist – denn jeder ordentliche Bauer bei uns ist noch sein eigener Zimmermeister, sein eigener Korbflechter, sein eigener Steinmetz. In diesem Element west und waltet jenes Element der Freude an der Arbeit, der unzerteilten Arbeitsweise, der unmittelbaren Vereinigung von Arbeit und Genuß der Arbeit. Und dieses Stück Mittelalter, dieses unüberwindliche und heilige Stück Mittelalter als Träger eines hohen Selbstgefühls ist Ihnen und Ihrer Atmosphäre nahe. Unter den Begabtesten derer, die Ihnen als Wirkende und Ausübende zugehören und hoffentlich heute und morgen immer zuströmen werden, sind ebensolche, in denen die Differenzierung des Künstlers vom Bauer nur mühsam und zart vor sich geht, deren Arbeit, wie immer sie geartet und wie bescheiden sie sei, nie ganz Ware werden kann.

Wenige Seiten später gibt es dann kein Halten mehr bei der Flucht in die Regression:

Da alles ringsum neue Bindung ist, und es keine stärkeren Bindungen gibt als Arbeitsgemeinschaften, da hinter diesen Bindungen der Ständestaat und das Ständeparlament in deutlicheren Vorformen sich über den Horizont erheben, an wen sollte der Staat appellieren, wenn nicht an Gruppen, Gemeinschaften und Vereinigungen wie Sie?

Wie immer man sich dieses Bild: den Ständestaat, sich über den Horizont erhebend, vorzustellen habe: diese Äußerungen Hofmannsthals bedürften wohl kaum eines Kommentars. Vielleicht mag angemerkt werden, daß diese Gedanken in dem vielleicht zweifelhaftesten Deutsch, das Hofmannsthal jemals geschrieben hat, ihren – freilich adäquaten – Ausdruck gefunden haben. (»Haben wir hiemit das Gebiet der prinzipiellen und Geschmacksgegnerschaften leicht gestreift, so ergibt sich in Summa, daß Ihre Situation dem einzelnen gegenüber und gegenüber dem Staate eine durchaus günstige und zum Kleinmut nicht den leisesten Anlaß gebende ist.«)

Kult des Manuellen

Einige Aufmerksamkeit verdient allerdings noch Hofmannsthals Behauptung, daß die Produktion der Kunstgewerbler »nie ganz Ware« werden könne, da ein Reflex dieser Auffassung sich auch in Roths Roman findet. Alles spricht dafür, daß, der herrschenden Auffassung zufolge, den Produkten des Kunstgewerbes schon deshalb höhere Würde zukommen sollte, weil sie nicht durchgängig maschinell gefertigt wurden. Es war gefährlich, wenn Hofmannsthal, wie in den zitierten Abschnitten, die Arbeitsteilung unreflektiert beiseite schob, gefährlich, wenn er behauptete:

398

Die moralische Niederlage, die der Geldbegriff erlitten hat und die der ihm anhängende Begriff der endlosen Vertauschbarkeit, der endlosen Ersetzbarkeit erlitten hat, bringt ganz von selbst eine Rehabilitation des Materialwertes und des Arbeitswertes mit sich, ist also Wasser auf Ihre Mühle.

Es ist nicht einzusehen, warum aus den Krisen der modernen Wirtschaft »ganz von selbst« wieder vorindustrielle Zustände hervorgehen sollten, weder was das Material noch den Wert der Handarbeit betraf. Schon bei Ruskin, zu dessen Zeit die Technik noch bei weitem nicht den Stand erreicht hatte wie zu Beginn der zwanziger Jahre des zwanzigsten Jahrhunderts, war der »Kult des Manuellen« (Arnold Hauser) zu kritisieren gewesen: »Es war ärgste Romantik, ärgster Irrealismus, zu glauben, daß technische Errungenschaften, die aus wirklichen technischen Bedürfnissen entstanden waren und greifbare wirtschaftliche Vorteile sicherten, einfach verdrängt werden könnten.« Joseph Roth hat es auf bewundernswerte Weise verstanden, auch diesen Glaubensartikel des Kunstgewerbes zu ironisieren; seine Kritik trifft besonders gut, da er hier einmal ganz auf explizite Polemik verzichtet, um die kritische Intention allein aus der Komposition des Romans hervorgehen zu lassen. Als Trotta nach dem Krieg seine Frau in deren kunstgewerblichem Institut aufsucht:

> Setz' dich nur auf den Tisch! – sagte sie – nimm von den Zigaretten. Ich bin noch nicht vollkommen eingerichtet. Und sie erzählte mir, daß sie selbst alles aufgebaut habe. Mit diesen beiden Händen – sagte sie – und zeigte dabei auch ihre beiden schönen Hände.

Noch tritt nicht ganz deutlich hervor, welchen Stellenwert die gängige Redewendung hier einnimmt; Trotta jedenfalls scheint sie nicht recht ernst zu nehmen, mehr als der Inhalt der Worte fällt ihm die Schönheit der Hände seiner Frau auf; er ist, trotz der Kriegsjahre, der gleiche Ästhetizist geblieben, ein schöner Gegenstand ist ihm oft wichtiger als ein Argument. Hatte Roth zuerst also noch die kritische Spitze, die in den zitierten Sätzen sich verbirgt, durch die charakteristische Verhaltensweise seiner Romanfigur cachiert, so läßt er sie wenige Seiten später durch kommentarlose Wiedergabe ebenderselben Redensart desto deutlicher hervortreten. Trottas Schwiegervater, ein ebenso vitaler wie unangenehmer Kriegsgewinnler, ist es, der die gleichen Worte gebraucht:

> Der Alte war mein Schwiegervater. Bald darauf kam er auch. Er stieß das übliche Ah! aus, als er mich sah, und umarmte mich. Er war gesund und munter. Heil zurück! rief er, so triumphierend, als hätte er selbst mich heimgebracht. – Ende gut, alles gut! – sagte er gleich darauf. Beide Frauen lachten. Ich fühlte mich erröten. Gehn wir essen! – befahl er. Sieh' her – sagte er zu mir: Dies habe ich alles mit meinen beiden Händen aufgebaut! – Und er zeigte dabei seine Hände her. Elisabeth tat so, als suchte sie nach ihrem Mantel.

Spätestens hier decouvriert sich das Mißverhältnis von Phrase und Realität. In einer Welt, in der die ökonomischen Verhältnisse weitgehend abstrakt geworden sind – Trottas Schwiegervater hat sein Kapital durch die Belieferung des Heeres mit Mützen vergrößern können –, versucht die Phrase, die sich herleitet aus einer Epoche vor aller Arbeitsteilung, eine falsche Konkretheit herbeizulügen. Daher die stumme Verlegenheitsreaktion von Trottas Frau; sie fühlt sich ertappt in dem Augenblick, da sich herausstellt, daß Kunstgewerbe und Gewerbe die gleiche Sprache sprechen, daß »Kunst« in jenem Wort eine unpassende Vorsilbe ist, nicht geeignet, den Warencharakter kunstgewerblicher Erzeugnisse vergessen zu machen.

Man mag an dieser Stelle ablesen, wie deutlich Roths kritische Intentionen dort werden, wo er sie nicht durch großen verbalen Aufwand laut werden zu lassen versucht, sondern wo er allein auf die Wirkung der Komposition sich verläßt. Allein der zweimalige kommentarlose Gebrauch der Phrase genügt, ihre Obsoletheit darzutun. Die gleiche Verlegenheit, die Elisabeth Trotta so tun läßt, als suche sie ihren Mantel, bemächtigt sich auch dessen, der das ideologisierte Wunschdenken in Hofmannsthals Behauptung erkennt, daß die Arbeiten der Kunstgewerbler »nie ganz Ware« werden könnten. Dieses Ineinander von rein durchgeführtem Tauschprinzip – die Gegenstände des Kunstgewerbes *sind* ja Waren – und von angeblicher Freiheit von ebendiesem Tauschprinzip – darauf zielt das Präfix »Kunst-« in dem Wort Kunstgewerbe – ist es, was das Skandalon dieses Industriezweiges ausmacht.

Tatsächlich zielt Roths Kritik genau auf das, was die Anhänger des Kunstgewerbes und mit ihnen Hofmannsthal hochhielten: daß die Produkte des Kunstgewerbes »mit Liebe gefertigte Waren« seien. Mit käuflicher Liebe also. Es mag Zufall sein (obgleich zu fragen wäre, ob in einem Text von Zufall zu reden überhaupt möglich ist): aber es fällt auf, daß Hofmannsthal, als er davon berichtet, daß eine Ausstellung von kunstgewerblichen Gegenständen in einem Stockholmer *Waren*haus stattgefunden habe, sofort in eine dem kaufmännischen Bereich entlehnte Terminologie fällt: solche Ausstellungen, meint Hofmannsthal, seien »im Gedächtnis der verschiedenartigsten Menschen lebendig geblieben und in einer merkwürdigen Weise als Ausstrahlungen eines ganz bestimmten Kulturmediums, eben des österreichischen, empfunden, gewertet und *zu unseren Gunsten registriert* worden.« Es ist bemerkenswert, wie genau Roths Polemik diesen zentralen Punkt trifft: als sei die Äußerung von Trottas Mutter als Replik auf Hofmannsthals Rede entstanden:

> Gewiß, Bub! Ich möcht' keine Tänzerin zur Tochter haben, aber eine Tänzerin ist ehrlich. Auch noch lockere Sitten sind deutlich. Es ist kein Betrug, es ist kein Schwindel. Mit einer Tänzerin hat Deinesgleichen ein Verhältnis, meinetwegen. Aber das Kunstgewerbe will ja verheiratet sein.

400

Keine Formel ist denkbar, die die Prätention des Kunstgewerbes besser zu kennzeichnen und vernichtender zu kritisieren vermöchte, jenes Ungenügen am Warencharakter seiner Produkte, für die es die Weihen des Höheren reklamiert, ohne indessen sein Ziel jemals zu erreichen. Als Resultat jenes fatalen Ehrgeizes ist schließlich nur eines zu verzeichnen: daß beides korrumpiert wird, Kunst wie Gewerbe.

Schlechte Transzendenz

Nur folgerichtig ist es daher, wenn in Hofmannsthals Rede der unglückselige Hang zum »Höheren« schließlich in den Kunstgewerblerhimmel führt; gegen Ende seiner Ausführungen nehmen seine Worte wiederum den bereits erwähnten ermutigenden Tonfall an: »Sie dürfen sich als ein wertvoller Exponent der österreichischen Allgemeinheit fühlen, ja Sie haben etwas ganz Außerordentliches voraus: Sie sind vielleicht die einzige weltliche Gemeinschaft, die auf einem Glauben ruht.« Es sind gerade diese Sätze, die das Kunstgewerbe durch die Überführung in einen quasi-transzendenten Bereich aller Notwendigkeit einer theoretisch-rationalen Rechtfertigung zu entziehen trachten, die es der Kritik endgültig verfallen lassen. Wie im Märchen vom Fischer und seiner Frau der Fischer in dem Augenblick wieder auf seinen Ausgangspunkt zurückgeworfen wird, da er Gott werden will, so decouvriert die ohnmächtige Prätention des Kunstgewerbes sich dort, wo sie den ihr angemessenen Bereich endgültig zu transzendieren sucht. Was scheinbar Zeichen größter Selbstsicherheit ist, erweist sich als Ausdruck tiefster Unsicherheit: der muß seiner – höchst weltlichen – Sache sehr wenig trauen, der sie zur Religion, zum Religionsersatz machen muß, um dem eigenen Zweifel endgültig sie zu entziehen. Daß Hofmannsthal sich zu diesen Sätzen hinreißen ließ, mag als Indiz dafür gelten, wie verheerend auch auf ihn der endgültige Zerfall der alten staatlichen Ordnung gewirkt haben mußte. Seine Rede, und besonders die zuletzt zitierte Passage, hat etwas von der Panik dessen, der, ertrinkend, nach dem sprichwörtlichen Strohhalm greift. Alles spricht dafür, daß Hofmannsthal, indem er den Mitgliedern des Österreichischen Werkbundes Mut zuspricht, auch sich selber von seinen eigenen Worten zu überzeugen trachtet. Nichts vergeblicher als diese Mühe.

Bibliographie

DIE HOFMANNSTHAL-FORSCHUNG 1970 (2)

MIT NACHTRAG 1964–1969

Zusammengestellt von NORBERT ALTENHOFER

(I: Hofmannsthal-Literatur / II: Erwähnungen Hofmannsthals
in anderem Zusammenhang)

Abkürzungen

AGR	Acta Germanica Romanica
Archiv	Archiv für das Studium der neueren Sprachen und Literaturen
BTMG	Blätter der Thomas Mann Gesellschaft
CLS	Comparative Literature Studies
DVLG	Deutsche Vierteljahrsschrift für Literaturwissenschaft und Geistesgeschichte
FR	Frankfurter Rundschau
GQ	The German Quarterly
HB	Hofmannsthal-Blätter
JIG	Jahrbuch für Internationale Germanistik
LuK	Literatur und Kritik
MAL	Modern Austrian Literature
MuK	Maske und Kothurn
NZZ	Neue Zürcher Zeitung
ÖMZ	Österreichische Musikzeitschrift
OL	Orbis litterarum
RUS	Rice University Studies
SN	Salzburger Nachrichten
StZ	Sprache im technischen Zeitalter
SZ	Süddeutsche Zeitung
Th	Theater heute

1970 (2)

I

ALTENHOFER, NORBERT: *Die Hofmannsthal-Forschung 1969 (3)/1970 (1). Mit Nachtrag 1964–1968.* Zusammengestellt v. N. A. In: HB Heft 4, 1970, S. 305–315.

BEMPORAD, GABRIELLA: *Nota* [zu:] *Hugo von Hofmannsthal: Andrea o I ricongiunti.* A cura di G. B. Nuova edizione riveduta. Milano: Adelphi 1970. 170 S. (Biblioteca Adelphi 30) S. 157–170.

BRION, MARCEL: *Remarques sur »Andréas«.* In: Le Monde, 4. 7. 1970, Nr. 7922, Supplément »Le Monde des livres«, S. I und III.

BURCKHARDT, CARL J[ACOB]; FRANK JOTTERAND: *Portrait-souvenir par Carl J. Burckhardt* [Interview über H. v. H.]. Ebenda.

BURGER, HILDE; RICHARD N. COE: *Hugo von Hofmannsthal lecteur de Stendhal.* A propos d'un petit nombre de volumes dépareillés se trouvant dans une bibliothèque particulière à Londres. In: Stendhal Club 12 (1970), Nr. 46, S. 165 bis 186; Nr. 47, S. 219–246.

DAVID, CLAUDE: *Hofmannsthals Frankreich-Bild.* In: arcadia 5 (1970), Heft 2, S. 163–175.

ERKEN, GÜNTHER: *»Der Unbestechliche« in Bochum und Wien.* Kommentiert v. G. E. Mit Beiträgen von MAX FRITZSCHE und LEONHARD M. FIEDLER. In: HB Heft 4, 1970, S. 296–304. [Mit Kritiken aus Wiener Tageszeitungen vom 2. April]

EXNER, RICHARD: *Die Zeit der anderen Auslegung.* Ein Bericht über Quellen und Studien zur Hofmannsthal-Forschung 1966–1969. In: GQ 43 (1970), Nr. 3, S. 453–503.

FIEDLER, LEONHARD M[ARIA]: *Carl Sternheim – Hugo von Hofmannsthal: Briefe.* Mitgeteilt und kommentiert v. L. M. F. In: HB Heft 4, 1970, S. 243–254. [S. 243–249: Briefe; S. 249–250: Verzeichnis der Briefe; S. 250–254: Anmerkungen zu den Briefen]

DERSELBE: *Eine Molière-Ausgabe von Hofmannsthal und Sternheim.* Begegnungen und gemeinsame Pläne. Ebenda, S. 255–263. [Mit einer Fotografie H. v. H.'s von Thea Sternheim]

GOFF, PENRITH: *Hugo von Hofmannsthal and Walter Pater.* In: CLS 7 (1970), Nr. 1, S. 1–11.

HASLINGER, ADOLF: *Vorladung Jedermanns 1970.* In: Salzburger Festspiele 1970. Offizielles Programm. Salzburg: Residenz Vlg 1970. S. 205–206 [engl. S. 208–209]

HAUPT, JÜRGEN: *Konstellationen Hugo von Hofmannsthals.* Harry Graf Kessler – Ernst Stadler – Bertolt Brecht, mit einem Essay »Hofmannsthal und die Nach-

welt« von HANS MAYER.   Salzburg: Residenz Vlg 1970.   145 S., 1 Bl.   [S. 5 – 44:
H. M., Hofmannsthal und die Nachwelt; S. 45: J. H., Vorbemerkung; S. 46 – 81:
J. H., Harry Graf Kessler und Hugo von Hofmannsthal. Eine Freundschaft;
S. 82 – 123: J. H., Ernst Stadler und Hugo von Hofmannsthal. Die Ambivalenz
einer literarischen Beziehung; S. 124 – 145: J. H., Hofmannsthals Bemühung
um Brecht. Zum »Theater des Neuen«]

HERING, GERHARD F[RIEDRICH]: *Das Bergwerk zu Falun.* Zur Hofmannsthal-Dramaturgie (I).   In: volksbühnenspiegel 16 (1970), Heft 3, S. 5 – 6.

DERSELBE: *Venedig; Cristina.* Zur Hofmannsthal-Dramaturgie (II).   Ebenda, Heft 4,
S. 9 – 10.

HEUSCHELE, OTTO: *Erinnerungen an Hofmannsthal.*   In: Die Tat, 23. 5. 1970,
Nr. 119, S. 34 – 35.   [Zu: Hugo von Hofmannsthal. Worte des Gedenkens
(1969) und Hugo von Hofmannsthal, Das erzählerische Werk (1969)]

HIRSCH, RUDOLF: *Paul Eisners »Volkslieder der Slawen«.* Eine Quelle für »Arabella«. Mitgeteilt v. R. H.   In: HB Heft 4, 1970, S. 287 – 288.

DERSELBE: *Zum Verständnis des »Jedermann«.*   In: HB Heft 4, 1970, S. 289 bis
293.   [S. 289: Wiedergabe des Titelblatts zum Ur-»Jedermann« (1905); S. 291
bis 292: Brief H. v. H.'s an Elsa Bruckmann-Cantacuzène; S. 293: Wiedergabe
der Widmung eines Exemplars der 3. Aufl. von »Jedermann«]

DERSELBE: *Brief an die Redaktion* [zum Verhältnis Hofmannsthal – Kraus, mit
Briefen H. v. H.'s an H. Bahr und M. Rychner].   In: LuK 1970, Heft 49,
S. 546 – 548.   [S. 548, Zeile 4 v. u. lies »zu keinem Brief« statt »zu meinem
Brief«. – Mitt. v. Dr. Hirsch]

KEITH-SMITH, BRIAN: *Hofmannsthal's »Der Thor und der Tod«.* A note on the
implications of a comparison between the manuscript and standard published
version.   In: Archiv 207. Bd, 122 (1970/71), Heft 1, S. 43 – 48.

KRAUSS, SIMON: *Wie wichtig ist der Autor für sein Werk?* [Zu »Für mich...«
(Ghasel)]   In: LuK 1970, Heft 43, S. 175 – 179.

LAKIN, MICHAEL: *Hofmannsthal's »Reitergeschichte« and Kafka's »Ein Land-
arzt«.*   In: MAL 3 (1970), Nr. 1, S. 39 – 50.

LESKY, ALBIN: *Vortrag von Albin Lesky vor der Leseaufführung von Hugo von
Hofmannsthals »Alkestis« anläßlich der 40. Wiederkehr seines Todestages
(15. Juli 1929).*   Wien: Österr. Ak. d. Wiss.; Wien, Köln, Graz: Böhlau in
Komm. 1969 [recte 1970].   11 S.   (Sonderabdruck aus dem Almanach der
Österr. Ak. d. Wiss., 119. Jg. 1969)   [Auch in:] Österreichische Akademie der
Wissenschaften. Almanach für das Jahr 1969 (1970). S. 431 – 439. [S. 430:
Programm der Leseaufführung]

MANGER, PHILIPP: *Once more »Praeexistenz – Tyche – Existenz« in Hofmannsthal's
»Der Schwierige«.*   In: Seminar 6 (1970), Nr. 1, S. 48 – 62.

MAYER, HANS: *Hofmannsthal und die Nachwelt.*   In: Jürgen Haupt: Konstellationen Hugo von Hofmannsthals. S. 5 – 44.

MÜLLER, HARALD: *Hugo von Hofmannsthal: »Der Tod des Tizian«*. Quellen zur Entstehung und Aufführungsgeschichte. In: Hugo von Hofmannsthal »Der Tod des Tizian«. Celle 1970. S. 2–10. [Programmheft einer Aufführung am Hermann-Billung-Gymnasium, Juni 1970. Mit unveröff. Briefen H. v. H.'s an Paul Brann. – S. 6, Zeile 19 lies »Knabe« statt »Kuck«.]

POLHEIM, KARL KONRAD: *Bauformen in Hofmannsthals Dramen.* In: Sprachkunst 1 (1970), Heft 1 / 2, S. 90–121.

REHLING, KARLHEINZ: *Volkstümliche Elemente in der lyrischen Komödie »Arabella« von Hugo von Hofmannsthal und Richard Strauss.* Celle 1970. 109 Bl. [Masch.] (Jahresarbeit Hermann-Billung-Gymnasium) [Belegexemplar im Freien Deutschen Hochstift]

RYAN, JUDITH: *Die »allomatische Lösung«: Gespaltene Persönlichkeit und Konfiguration bei Hugo von Hofmannsthal.* In: DVLG 44 (1970), H. 2, S. 189–207.

SCHEIBLE, HARTMUT: *Joseph Roth, Hofmannsthal und das Kunstgewerbe.* In: FR, 1. 8. 1970, Nr. 175, Beilage »Zeit und Bild«, S. IV.

SCHNEIDER, KLAUS DIETER: *Harry Graf Kesslers Einfluß auf die Gestaltung der Komödie für Musik »Der Rosenkavalier« von Hugo von Hofmannsthal und Richard Strauss, wie er sich im Briefwechsel zwischen Harry Graf Kessler und Hugo von Hofmannsthal darstellt.* Celle 1970. 64 Bl. [Masch.] (Jahresarbeit Hermann-Billung-Gymnasium) [Belegexemplar im Freien Deutschen Hochstift]

SCHWARZ, EGON: *Hugo von Hofmannsthal as a critic.* In: On four modern humanists. Hofmannsthal. Gundolf. Curtius. Kantorowicz. Princeton, N. J.: Princeton U. P. 1970. S. 3–53.

SEEBA, HINRICH C.: *Kritik des ästhetischen Menschen.* Hermeneutik und Moral in Hofmannsthals »Der Tor und der Tod«. Bad Homburg v. d. H., Berlin, Zürich: Gehlen 1970. 1 Bl., 208 S.

SPATZENEGGER, HANS: *Ein Archivfund: Briefe an den Fürsterzbischof.* In: SN, 25. 7. 1970, Sonderbeilage »Salzburger Festspiele. Jubiläum 1970«, S. 3–4. [Mit Briefen H. v. H.'s und M. Reinhardts an Ignatius Rieder und einem Brief H. v. H.'s an Jakob Obweger; mit Abb.]

STERN, MARTIN: *Hofmannsthal und Böhmen (4).* Die Aufnahme der »Prosaischen Schriften III« in Prag und Hofmannsthals Haltung zur Gründung der Tschechoslowakischen Republik 1918. Mit einem unveröffentlichten Brief und Aufsatz von Arne Novák sowie Briefen von und an Otokar Fischer und Blažena Fischerová. Zusammengestellt v. M. S. In: HB Heft 4, 1970, S. 264–283.

DERSELBE: *Nachtrag. Aus Hofmannsthals Notizen zum Projekt der »Ehrenstätten Österreichs«.* Ebenda, S. 284–286. [Zu HB Heft 1, 1968, S. 3–30]

STORZ, GERHARD: *Die Eigentümlichkeit von Hofmannsthals Großem Salzburger Welttheater.* In: Freilichtspiele Schwäbisch Hall. Spielzeit 1970 [Programmheft]. 2 S. [nicht pag.]

TAROT, ROLF: *Hofmannsthal und die Musik.* In: NZZ, 7. 10. 1970, Fernausgabe

Nr. 275, S. 61. [Zu: Martin Erich Schmid, Symbol und Funktion der Musik im Werk Hugo von Hofmannsthals (1968)]

URBACH, REINHARD: *»Gebet Zeugnis: ich war da«*. Bemühungen um Hugo von Hofmannsthal und seinen Nachlaß. In: Volksblatt (Wien), 9. 8. 1970, S. 7.

WIESNER, HERBERT, [u. a.]: *Hofmannsthal*. In: Handbuch der deutschen Gegenwartsliteratur. 2., verb. u. erw. Aufl. Bd 3: Bibliographie der Personalbibliographien. München: Nymphenburger Verlagshandlung 1970. S. 71–72.

ZWIRNER, EBERHARD: [Geleitwort zu:] *Ein Brief Hofmannsthals an Eberhard Zwirner*. In: HB Heft 4, 1970, S. 294–295.

II

ADORNO, THEODOR W[IESENGRUND]: *Ästhetische Theorie*. Frankfurt a. M.: Suhrkamp 1970. [S. 31, 352: »Ein Brief«, H. v. H. und George]

ANGRES, DORA: *Die Beziehungen Lunačarskijs zur deutschen Literatur*. Berlin: Akademie-Vlg 1970. [»Elektra«, »König Ödipus«]

BLUME, BERNHARD: *The metamorphosis of captivity*. Some aspects of the dialectics of freedom in modern literatures. In: GQ 43 (1970), Nr. 3, S. 357–375. [S. 366: »Ein Brief«]

Clemens Brentano. Ausstellung Freies Deutsches Hochstift [Katalog]. Bad Homburg v. d. H., Berlin, Zürich: Gehlen 1970. [S. 89: H. v. H.'s »Ein Brief« und Brentanos Entwurf eines Briefes an E. T. A. Hoffmann]

50 Jahre Salzburger Festspiele. Ausstellung Residenzgalerie Salzburg. Salzburg 1970. [S. 10, 12–21, 23, 42–44, 52–55: H. v. H.; S. 60–61: Brief H. v. H.'s an Ignatius Rieder; mit Abb.]

GAY, PETER: *Die Republik der Außenseiter*. Geist und Kultur in der Weimarer Zeit: 1918–1933. Frankfurt a. M.: S. Fischer 1970 [engl. zuerst 1968]. [»Das Schrifttum als geistiger Raum der Nation«, u. a.]

GRAF, HANSJÖRG: *Nachwort* [zu:] *Der kleine Salon*. Szenen und Prosa des Wiener Fin de Siècle. Stuttgart: Goverts 1970. S. 286–300. [Mit biographischer Notiz:] »Hofmannsthal« S. 304–305.

GROEBEN, NORBERT: *Die Kommunikativität moderner deutscher Lyrik*. In: StZ 1970, Nr. 34, S. 83–105. [S. 89–95: »Weltgeheimnis«]

GRÜNDGENS, GUSTAF: *Briefe, Aufsätze, Reden*. München: Deutscher Taschenbuch Vlg 1970. [»Unterhaltung über den ›Tasso‹ von Goethe«, »Cristinas Heimreise«]

HADAMOWSKY, FRANZ: *Die Ausstellung »50 Jahre Salzburger Festspiele«*. In: ÖMZ 25 (1970), Heft 7, S. 403–404.

HIRSCH, RUDOLF: *Ottonie Gräfin Degenfeld-Schonburg. 1882–1970*. Worte am Grabe, gesprochen v. R. H. In: HB Heft 4, 1970, S. 241–242. [Mit briefl. Äußerungen C. J. Burckhardts, H. v. H.'s und R. Borchardts über O. v. D.]

JAKLITSCH, HANS; ERIK WERBA: *50 Jahre Salzburger Festspiele.* In: ÖMZ 25 (1970), Heft 7, S. 357–369. [S. 361–368: Opern, »Jedermann«, »Das Salzburger Große Welttheater«, u. a.]

KAINDL-HÖNIG, MAX: *Fest und Spiel am Lustort Hellbrunn.* In: ÖMZ 25 (1970), Heft 7, S. 388–393. [S. 388: Salzburger Festspiele]

KAUT, JOSEF: *Festspiele in Salzburg.* München: Deutscher Taschenbuch Vlg 1970.

KNUDSEN, HANS: *Deutsche Theatergeschichte.* 2., neu bearb. u. erw. Aufl. Stuttgart: Kröner 1970.

LÜTHI, HANS JÜRG: *Hermann Hesse.* Natur und Geist. Stuttgart [etc.]: Kohlhammer 1970. [»Der Tor und der Tod«; H. v. H. und H. Hesse]

MAYER, HANS: *Herr und Knecht – kämpfend oder kampfesmüd?* Variationen über ein Thema von Hegel in der modernen Weltliteratur. In: SZ, 25./26. 7. 1970, Nr. 177, Feuilleton-Beilage, 2 S. [nicht pag.] [Dazu Leserbrief:] RUDOLF HIRSCH: *»Robespierre war auch ein Kerl«.* In SZ, 8./9. 8. 1970, Nr. 189, S. 117. [»Der Unbestechliche«]

MENDELSSOHN, PETER DE: *S. Fischer und sein Verlag.* Frankfurt a. M.: S. Fischer 1970.

MENZ, EGON: *Der Chor im Theater des 20. Jahrhunderts.* In: Der Dichter und seine Zeit – Politik im Spiegel der Literatur. Drittes Amherster Kolloquium zur modernen deutschen Literatur 1969. Heidelberg: Stiehm 1970. S. 53–80. [»Ödipus und die Sphinx«]

MITTENZWEI, INGRID: *Die Sprache als Thema.* Untersuchungen zu Fontanes Gesellschaftsromanen. Bad Homburg v. d. H., Berlin, Zürich: Gehlen 1970. [S. 23 bis 25, 35, 44, 51, 56, 72–73, 75, 79–80, 103, 124, 135, 154, 170–171, 180: »Ein Brief«, »Der Schwierige«; Konversation in Gesellschaftskomödie und Gesellschaftsroman]

PERL, WALTER H.: *Der Dichter Leopold Andrian: Frühvollendung und Verstummen.* In: Philobiblon 14 (1970), Heft 1, S. 49–56.

DERSELBE: *Kulturbericht aus Österreich: Salzburger Festspiele 1969.* In: MAL 3 (1970), Nr. 1, S. 53–57. [»Jedermann«, »Der Rosenkavalier«]

DERSELBE: *Leopold von Adrian* [!]. Die Wiederentdeckung eines Dichters. In: Weltwoche-Magazin, 3. 7. 1970, Nr. 27 (Beilage zu »Die Weltwoche«, 2. 7. 1970), S. 13–15 [mit Abb.]

DERSELBE: *Die demolierte* [!] *Literatur.* Eine frühe Streitschrift von Karl Kraus gegen Jung-Wien. In: du 30 (1970), August, S. 586–588 [mit Abb.]

DERSELBE: *Ein Dichter des alten Österreich.* Begegnungen mit Andrian. In: Die Furche, 3. 10. 1970, Nr. 40, S. 10.

Max Reinhardt und die Welt der Commedia dell'arte. Ausstellung [Katalog]. Salzburg: Max-Reinhardt-Forschungs- und Gedenkstätte 1970. [S. 5: »Szenischer Prolog...«; S. 21–22: »Ariadne auf Naxos«; S. 23–24: »Dame Kobold«; S. 25–27: »Das Salzburger Große Welttheater«]

Max Reinhardt und die Welt der Commedia dell'arte. Salzburg: O. Müller 1970. [S. 6: »Szenischer Prolog...«; S. 31–33; »Ariadne auf Naxos«; S. 34 bis 38: »Das Salzburger Große Welttheater«; mit Abb.]

ROSENTHAL, ERWIN THEODOR: *Das fragmentarische Universum.* Wege und Umwege des modernen Romans. München: Nymphenburger Verlagshandlung 1970. [»Ein Brief«]

RUSTERHOLZ, PETER: *Theatrum vitae humanae.* Funktion und Bedeutungswandel eines poetischen Bildes. Studien zu den Dichtungen von Andreas Gryphius, Christian Hofmann von Hofmannswaldau und Daniel Casper von Lohenstein. Berlin: E. Schmidt 1970. [Welttheater]

SCHNITZLER, ARTHUR; OLGA WAISSNIX: *Liebe, die starb vor der Zeit.* Ein Briefwechsel. Wien, München, Zürich: Molden 1970. [Loris]

SOKEL, WALTER H.: *Der literarische Expressionismus.* Der Expressionismus in der deutschen Literatur des zwanzigsten Jahrhunderts. München: Langen-Müller 1970 [engl. zuerst 1959]. [»Der Tor und der Tod«, »Der Turm«]

TORBERG, FRIEDRICH: *Als die ersten »Fackel«-Hefte erschienen.* In: LuK 1970, Heft 49, S. 531–545. [S. 532–534: K. Kraus über H. v. H.]

UNTERER, VERENA: *Die Oper in Wien.* Ein Überblick. Wien: Bergland Vlg 1970. [S. 30: H. v. H.; S. 98–111: Kap. »Der Rosenkavalier«]

URBACH, REINHARD: *Karl Kraus und Arthur Schnitzler.* Eine Dokumentation von R. U. In: LuK 1970, Heft 49, S. 513–530. [S. 513, 515, 519, 521, 523: K. KRAUS, K. ROSNER und A. SCHNITZLER über Loris; S. 524–526, 530: Anm. über H. v. H.]

VIERTEL, BERTHOLD: *Schriften zum Theater.* München: Kösel 1970. [Salzburger Festspiele, H. v. H. und das Burgtheater, H. v. H. und M. Reinhardt]

VORDTRIEDE, WERNER: *Nachwort* [zu:] *Clemens Brentano* (Dichter über ihre Dichtungen). München: Heimeran 1970. S. 281–286. [S. 285: H. v. H. und C. Brentano; »Ad me ipsum«]

WIEMKEN, HELMUT: *Nachwort* [zu:] *Everyman. Jedermann.* Englisch und deutsch. Stuttgart: Reclam 1970. S. 81–95. [S. 94–95: »Jedermann«]

WINKLER, MICHAEL: *Stefan George.* Stuttgart: Metzler 1970.

ZUCKERKANDL, BERTHA: *Österreich intim.* Erinnerungen 1892–1942. Frankfurt a. M., Berlin, Wien: Propyläen Vlg 1970. [S. 9, 48, 78–79, 82, 87, 92–95, 98, 115, 135–142, 147–148, 150, 152, 154, 157, 165–167, 169–170, 200, 208, 210, 214, 216, 220, 222–225: H. v. H.]

Nachtrag 1964–1969

I

Bridgwater, P.; A. K. Thorlby: *Hofmannsthal.* In: The Penguin companion to literature. 2: European. Harmondsworth: Penguin Books 1969. S. 370–371.

Buddecke, Wolfram: *Weltgeheimnis.* In: Deutsche Gedichte von Andreas Gryphius bis Ingeborg Bachmann. Eine Anthologie mit Interpretationen. Göttingen: Vandenhoeck & Ruprecht 1969. S. 141–145.

Csuri, Karoly: *Struktur und Bedeutung von Hugo von Hofmannsthals »Das Maerchen der 672. Nacht«* (Versuch einer Interpretation). In: AGR 4 (1969), S. 39–63.

Esselborn, Karl Gerhard: *Hugo von Hofmannsthal: »Ödipus und die Sphinx«.* Hofmannsthal und der antike Mythos. Berlin 1968. 287 S. (Diss. FU) [Buchhandelsausgabe 1969 s. HB Heft 3, 1969, S. 229]

Friedman, Maurice: *Drama and the theater: Buber and Hofmannsthal.* In: Martin Buber and the theater. New York: Funk & Wagnalls 1969. S. 26–50.

Fujikawa, Hideo: *Hugo von Hofmannsthals »Traum-Terzine«* [jap., mit dt. Zusammenfassung]. In: Doitsu Bungaku Nr. 43, 1969, S. 59–68.

Funakoshi, Katsumi: *»Andreas«, als ein in seiner sozialen Notwendigkeit gesehenes Thema* [jap., mit dt. Zusammenfassung]. In: Doitsu Bungaku ronkô Nr. 11, 1969, S. 33–47.

Granichstaedten-Cerva, R.: *Hofmann-Hofmannsthal.* In: R. G.-C. [u. a.]: Altösterreichische Unternehmer. 110 Lebensbilder. Wien: Bergland Vlg 1969. S. 56–57.

Hansel, Johannes: *Hofmannsthal.* In: J. H.: Personalbibliographie zur deutschen Literaturgeschichte. Studienausgabe. Berlin: E. Schmidt 1967. S. 142 bis 143.

Hienger, Jörg: *Hugo von Hofmannsthal.* In: Deutsche Gedichte von Andreas Gryphius bis Ingeborg Bachmann. Eine Anthologie mit Interpretationen. Göttingen: Vandenhoeck & Ruprecht 1969. S. 138–147. [S. 138–139: J. H. über H. v. H.; S. 139–141: J. H. über »Vorfrühling«; S. 141–145: Wolfram Buddecke über »Weltgeheimnis«; S. 145–147: J. H. über »Manche freilich...«]

Hoppe, Manfred: *Literatentum, Magie und Mystik im Frühwerk Hugo von Hofmannsthals.* Zürich 1968. IV, 141 S. (Diss.) [Buchhandelsausgabe s. HB Heft 2, 1969, S. 161]

Kosta, Oskar: *Hugo von Hofmannsthal.* Zivotopisná studie [Biographische Studie, tschech.]. In: Plamen 11 (1969), Nr. 5, S. 61–68.

LEWIS, HANNA B[ALLIN]: *Hofmannsthal and America.* In: RUS 55 (1969), Nr. 3 (Studies in German. In memory of Andrew Louis), S. 131–141.

MELCHINGER, SIEGFRIED: *Hilperts liebende Nüchternheit.* Hofmannsthal »Cristinas Heimreise«. Staatstheater Stuttgart. In: Th 7 (1966), Nr. 5, S. 34.

OERTEL, BARBARA: *Die Idee der Hofmannsthalschen Frauengestalten und ihre dichterische Umsetzung in Bühnenfiguren.* Wien 1969. II, 364 S. [Masch.] (Diss. Wien 1970)

PICKERODT, GERHART: *Zu Dramen Hugo von Hofmannsthals.* Analysen ihres historischen Gehaltes. Göttingen 1968. 283 S. (Diss.) [Buchhandelsausgabe s. HB Heft 2, 1969, S. 163]

SCHMID, MARTIN ERICH: *Symbol und Funktion der Musik im Werk Hugo von Hofmannsthals.* Zürich 1967. 15 S. (Diss. Teildruck) [Buchhandelsausgabe s. HB Heft 2, 1969, S. 163]

SEGESSER, ERNST: *Hugo von Hofmannsthal.* In: E. S.: Am goldenen Tor. Gedichte mit Einführungen, Erläuterungen, Lebensbildern und Präparationen. Bern: Haupt 1969. S. 255–265. [Lebensbild H. v. H.'s; »Manche freilich...«, »Terzinen über Vergänglichkeit«, »Reiselied«]

STERN, MARTIN: *Die Hugo von Hofmannsthal-Gesellschaft.* In: JIG 1 (1969), Heft 2, S. 93–98.

II

ADORNO, THEODOR W[IESENGRUND]: *Thesen über Tradition* [zuerst 1965]. In: T. W. A.: Ohne Leitbild. Parva Aesthetica. Frankfurt a. M.: Suhrkamp 1967. S. 29–41. [S. 35: H. v. H.]

BAUMANN, GERHART: *Zu Franz Grillparzer.* Versuche zur Erkenntnis. Heidelberg: Stiehm 1969.

BRÜCKNER, WOLFGANG: *Sterben im Mönchsgewand.* Zum Funktionswandel einer Totenkleidsitte. In: Kontakte und Grenzen. Probleme der Volks-, Kultur- und Sozialforschung. Festschrift für Gerhard Heilfurth zum 60. Geburtstag. Göttingen: Schwartz 1969. S. 259–277. [S. 259, 276–277: H. v. H.]

Deutsche Romantheorien. Beiträge zu einer historischen Poetik des Romans in Deutschland. Frankfurt a. M., Bonn: Athenäum 1968. [ULRICH FÜLLEBORN über H. v. H. und Rilke; u. a.]

DIETRICH, MARGRET: *Neuerungen in Bühnenbild, Bühnentechnik und Theaterarchitektur in Österreich im 20. Jahrhundert.* In: MuK 15 (1969), S. 361–373, mit Abb. [S. 363–365: »Ödipus und die Sphinx«]

DITTMANN, ULRICH: *Sprachbewußtsein und Redeformen im Werk Thomas Manns.* Untersuchungen zum Verhältnis des Schriftstellers zur Sprachkrise. Stuttgart [etc.]: Kohlhammer 1969. [S. 12, 14, 23–24, 30–32, 39, 83: Sprachproblem; »Ein Brief«]

EMRICH, WILHELM: *Geist und Widergeist.* Wahrheit und Lüge in der Literatur. Studien. Frankfurt a. M., Bonn: Athenäum 1965. [»Der Turm«; Venedig im Werke H. v. H.'s]

FARESE, GIUSEPPE: *Individuo e società nel romanzo »Der Weg ins Freie« di Arthur Schnitzler.* Roma: Bulzoni 1969. [S. 16, 31, 54, 56−57: H. v. H.]

FARESE-SPERKEN, CHRISTINE: *Der Tanz als Motiv in der bildenden Kunst des 20. Jahrhunderts (Stilkunst, Expressionismus, Fauvismus, Futurismus).* München 1969. (Diss.) [»Der Triumph der Zeit«, »Die unvergleichliche Tänzerin«, »Amor und Psyche«, »Das fremde Mädchen«, »Die Biene«]

FRITZ, WALTER: *Geschichte des österreichischen Films.* Aus Anlaß des Jubiläums 75 Jahre Film. Wien: Bergland Vlg 1969. [»Das fremde Mädchen«, »Defoe«, »Der Ersatz für Träume«, »Der Rosenkavalier« (Film); mit Abb.]

GRABERT, W[ILLY]; A[RNO] MULOT: *Geschichte der deutschen Literatur.* 13. Aufl. München: Bayerischer Schulbuch-Vlg 1969 [zuerst 1953].

GÜNTHER, WERNER: *Über die absolute Poesie.* Zur geistigen Struktur neuerer Dichtung [zuerst 1949]. In: W. G.: Form und Sinn. Beiträge zur Literatur- und Geistesgeschichte. Bern, München: Francke 1968. S. 219−252. [S. 233 bis 234, 242, 249: H. v. H.]

HESSE, HANS RUDOLF: *Gott in Person.* Seine Gestalt im modernen deutschen Drama. München: Thilo 1969. [S. 35−64: »Jedermann«]

HOFFMANN, PETER: *Die Entwicklung der theatralischen Massenregie in Deutschland von den Meiningern bis zum Ende der Weimarer Republik.* Wien 1966 (Diss.). [S. 115−127: »König Ödipus«]

HOLTHUSEN, HANS EGON: *Der unbehauste Mensch.* Motive und Probleme der modernen Literatur. Neuausgabe. München: Deutscher Taschenbuch Vlg 1964.

JENS, WALTER: *Deutsche Literatur der Gegenwart.* Themen, Stile, Tendenzen. München: Deutscher Taschenbuch Vlg 1964 [zuerst 1961]. [S. 40−45, 53, 67, 72−74, 115: H. v. H.]

JHERING, HERBERT: *Theater der produktiven Widersprüche. 1945−1949.* Berlin, Weimar: Aufbau-Vlg 1967. [»Cristinas Heimreise«]

KAUT, JOSEF: *Festspiele in Salzburg.* [2., verm. Aufl.] Salzburg: Residenz Vlg 1969 [zuerst 1965].

LANDAUER, GUSTAV: *Walter Calé (1907).* In: G. L.: Zwang und Befreiung. Eine Auswahl aus seinem Werk. Köln: Hegner 1968. S. 176−183. [S. 176−180: H. v. H.]

MARTINI, FRITZ: *Deutsche Literaturgeschichte von den Anfängen bis zur Gegenwart.* 15. Aufl. Stuttgart: Kröner 1968.

MELCHINGER, CHRISTA: *Illusion und Wirklichkeit im dramatischen Werk Arthur Schnitzlers.* Heidelberg: Winter 1968. S. 9, 11−14, 16−17, 25, 41−42, 44, 46−49, 52, 54−55, 67−68, 74, 87−88, 92−93, 106, 114: H. v. H.]

MÜLLER, HORST: *Einleitung* [zu:] *Moderne Dramaturgie.* Texte zum Verständnis

des modernen Theaters.   Frankfurt a. M. [etc.]: Diesterweg 1967.   S. 5–15.
[S. 11–12: »Die Ironie der Dinge« (abgedruckt S. 40–43)]

NEUMANN, GERHARD; JUTTA MÜLLER: *Der Nachlaß Arthur Schnitzlers.* Verzeichnis
des im Schnitzler-Archiv der Universität Freiburg i. Br. befindlichen Materials.
Mit einem Vorwort von Gerhart Baumann und einem Anhang von Heinrich
Schnitzler: Verzeichnis des in Wien vorhandenen Nachlaßmaterials.   München:
Fink 1969.

NEUMANN, GERHARD, [u. a.]: *Dürrenmatt – Frisch – Weiss.* Drei Entwürfe zum
Drama der Gegenwart.   München: Fink 1969.   [S. 12–13, 81; GERHART BAU-
MANN u. JÜRGEN SCHRÖDER über H. v. H.]

Österreich und die angelsächsische Welt. Kulturbegegnungen und Vergleiche.
Bd. 2. Wien, Stuttgart: Braumüller 1968.   [THORNTON WILDER über »Der
Schwierige«; u. a.]

Max-Reinhardt-Ausstellung 1968/69 [Katalog].   Salzburg: Max-Reinhardt-For-
schungs- und Gedenkstätte 1968.   [S. 8, 10–11, 14, 19–22, 24–26, 28:
H. v. H; mit Abb.]

SCHUH, OSCAR FRITZ: *Salzburger Dramaturgie.*   Salzburg: Salzburger Nachrichten
Vlg 1969.

SCHWARZ, PETER PAUL: *Totengedächtnis und dialogische Polarität in der Lyrik Paul
Celans.*   Düsseldorf: Schwann 1966.   [S. 60: »Vorrede zu St.-J. Perse, ›Ana-
base‹«]

SØRENSEN, BENGT ALGOT: *Der »Dilettantismus« des Fin de siècle und der junge
Heinrich Mann.*   In: OL 24 (1969), S. 251–270.   [S. 254, 256–260: H. v. H.]

STIX, GOTTFRIED: *Trakl und Wassermann.*   Roma: Edizioni di storia e letteratura
1968.   [H. v. H. und Trakl]

WENDLER, WOLFGANG: *Carl Sternheim.* Weltvorstellung und Kunstprinzipien.
Frankfurt a. M., Bonn: Athenäum 1966.   [»Ein Brief«, »Die Briefe des Zurückgekehrten«; H. v. H. und Sternheim]

WIEMKEN, HELMUT: *Einleitung* [zu:] *Vom Sterben des reichen Mannes.* Die Dramen
von Everyman, Homulus, Hecastus und dem Kauffmann.   Bremen: Schüne-
mann 1965. S. VII–XLIX. [S. IX–X, XXXIV, XXXVII–XL, XLVIII: H. v. H.]

WYSLING, HANS: *Archivalisches Gewühle.* Zur Entstehungsgeschichte des Hoch-
stapler-Romans.   In: BTMG Nr. 5, 1965, S. 23–43.   [S. 25: H. v. H.'s »Über
Charaktere im Roman und im Drama« und T. Manns »Versuch über das Theater«]

PROBLEME DER FORSCHUNG

PUBLIKATIONEN

Eine Selbstanzeige. Von Rolf Tarot

Wenn man die Hofmannsthal-Forschung der letzten Jahre überblickt, so gewinnt man die Überzeugung, daß die Frage nach der Methode immer stärker in den Vordergrund rückt, nachdem die jahrzehntelange methodische Grundlage – das ›Ad me ipsum‹ des Dichters – in seiner Verbindlichkeit fragwürdig geworden ist. Ein methodischer Neuansatz kann aber wohl kaum in der verkrampften Enthaltsamkeit liegen, die man heute dem ›Ad me ipsum‹ gegenüber übt. Ausgangspunkt meiner Überlegungen war die Frage nach dem von Hofmannsthal vielfach berufenen *Grundproblem* seiner Dichtung. Um eine Antwort auf diese Frage zu finden, schien es mir unerläßlich, die Dichtung von ihren frühesten Zeugnissen an zu analysieren. Als Ergebnis dieser inhaltsbezogenen Untersuchung der ›Frühesten Schriften‹ ergab sich als Grundproblematik die Krise des mythischen Bewußtseins, die im ›Ad me ipsum‹ als Phase zwischen Präexistenz (mythisches Bewußtsein) und Existenz (Leben) von Hofmannsthal mehrfach genannt wird. Diese Grundproblematik, die eine mit einer Sprachkrise verbundene Bewußtseinskrise ist, ließ sich über die ›Frühesten Schriften‹ hinaus verfolgen, konnte aber in diesem ersten Anlauf noch nicht bis in das Spätwerk verfolgt werden.

Die implizierte Sprachproblematik führte zwangsläufig zur Frage nach den Gestaltungsmöglichkeiten, die sich dem Dichter zur Darstellung dieser Sprach- und Bewußtseinskrise in den einzelnen Gattungen boten. Für die Bewältigung dieser Problemstellung waren Erkenntnisse der Sprachtheorie anwendbar, weil mit ihrer Hilfe Sprachstrukturen analysiert und Möglichkeiten und Grenzen der vom Dichter gewählten lyrischen, dramatischen und epischen Präsentationsformen beschrieben werden konnten.

Für die Lyrik zeigte sich, daß ihre Struktur nicht existentiell, sondern ›universell‹ ist. Mit dieser ›universellen‹, ichfreien Struktur entfernt sich Hofmannsthals Lyrik von der traditionsreichen Vergangenheit der sogenannten Erlebnislyrik und zeigt sich als Lyrik von spezifisch moderner Struktur. Erst durch den Verzicht auf die ichgebundene lyrische Aussage wird die Darstellung der Bewußtseinskrise in lyrischer Form möglich, weil nicht länger ein sich selbst aussprechendes lyrisches Ich die Problematik von Bewußtsein und Sprache zum Thema machen muß, obwohl ein Aussprechen dem Bewußtseinszustand inadäquat ist.

Die Grenzen der ichgebundenen Darstellung zeigten sich deutlich in jenen erzählenden Werken, deren Erzählweise durch die Existenz eines Erzählers bestimmt ist. Überall dort, wo Hofmannsthal – in Lyrik und Erzählung – die Subjekt-Objekt-Relation der Aussage aufgibt, z. B. in ›Die Beiden‹, ›Der Jüngling in der Landschaft‹, ›Das Märchen der 672. Nacht‹ und ›Reitergeschichte‹, gelingt die Darstellung der Grundproblematik in einem Umfang, der weit über die Möglichkeiten anderer Darstellungsformen hinausgeht.

Die schlechtesten Voraussetzungen für die Gestaltung der Sprach- und Bewußtseinskrise bieten die dramatischen Präsentationsformen, deren sich Hofmannsthal während der gesamten Dauer seines Schaffens bedient. Er hat ihnen ein Höchstmaß an Darstellung abgetrotzt, doch es scheint, als habe ihn die – zwar nur gelegentlich geäußerte – Einsicht in die besonderen Bedingungen und begrenzten Möglichkeiten der dramatischen Form zu den Schwesterkünsten Oper, Ballett, Pantomime hingeführt. Von hier aus könnte die Einbeziehung der Musik, die Neigung zu sprachlosen Formen der Darstellung und der in der Forschung gelegentlich bemängelte Hang zum Allegorischen (›Turm‹) erhellt werden.

In anderem Licht erscheint auch der umstrittene ›Brief‹ des Lord Chandos, der sich als eine in die historischen Voraussetzungen des frühen 17. Jahrhunderts projizierte Darstellung der Krise des mythischen Bewußtseins erwies und deshalb als ein Werk der dichtenden Sprache und nicht als verkapptes autobiographisches Dokument angesehen werden muß.

Mir scheint, daß die Analyse des Verhältnisses von Grundproblematik und dichterischen Strukturen eine Grundlage bietet, die innere Einheit des Gesamtwerks in der Mannigfaltigkeit seiner Erscheinungsformen sichtbar zu machen. Sie könnte darüber hinaus einen Beitrag leisten zu einem Hofmannsthal-Bild, das frei ist von blinder Verehrung, aber offen für die in die Zukunft weisende Modernität dieser Dichtung.

(Rolf Tarot, Hugo von Hofmannsthal. Daseinsformen und dichterische Struktur. Tübingen: Niemeyer 1970. X, 425 S.)

Eine Ankündigung des S. Fischer Verlages

Der S. Fischer Verlag teilt mit, daß Anfang März 1971 der von HELGA EBNER-FUSSGÄNGER herausgegebene *Briefwechsel zwischen Hugo von Hofmannsthal und Josef Redlich* erscheint.

Diese Ausgabe schließt an die bereits publizierten Korrespondenzen zwischen Hugo von Hofmannsthal und Rudolf Borchardt, Carl J. Burckhardt, Arthur Schnitzler, Helene von Nostitz, Edgar Karg von Bebenburg und Leopold von Andrian an.

Als nächste Publikation ist der *Briefwechsel Hugo von Hofmannsthal – Richard Beer-Hofmann* vorgesehen. Herausgeber ist EUGENE WEBER.

ZWEITE TAGUNG UND MITGLIEDERVERSAMMLUNG

IN WIEN, 11./12. JUNI 1971

Programm und Anmeldekarten sind im Oktober 1970 allen Mitgliedern zugestellt worden. Wegen der nötigen Reservationen erbittet das Tagungsbüro Ihre *baldige* Anmeldung (mit Angabe von Hotel-Kategorie und Datum der gewünschten Aufführung). Anmeldungen und Anfragen sind zu richten an: Herrn Reinhard Urbach, c/o Österreichische Gesellschaft für Literatur, A–1010 Wien, Herrengasse 5.

EHRENRAT

Am 22. Juni 1970 starb in Wien Grete Wiesenthal. Wir sind dankbar, daß Felix Braun ihre Stelle im Ehrenrat einzunehmen bereit ist und begrüßen ihn herzlich in diesem Gremium.

MITGLIEDERLISTE

Neue Mitglieder

Mai 1970 – November 1970

Rudolf ADOLPH, München
Thomas P. BALDWIN, Bowling
   Green / Kentucky
Klaus Peter DENCKER, Erlangen
Lore Murdel DORMER, Claremont /
   California
Erhard ERNST, Kiel
Emmy FRITZ, Braubach / Hessen
Gerd VON DER GÖNNA, Würzburg
Lisette GOESSLER, Basel

Penrith GOFF, Detroit / Michigan
Hans HENNECKE, München
Eva KAMPMANN, Passau
Götz Klaus KENDE, Wien
Heinz KINDERMANN, Wien
Keiichirô KOBORI, Kamakura-shi / Japan
Kåre LANGVIK-JOHANNESSEN, Oslo
Walter LAUTERWASSER, Reichenbach /
   Baden-Württemberg
Otto MACKEPRANG, Altenholz-Kiel

Claudio MAGRIS, Triest
Wolfgang MERTZ, Frankfurt a. M.
Marie Therese MILLER, Hinterhör / Bayern
Margarete K. MITCHELL, Danville /
    Virginia
Alois MOCK, Wien
Henrich OFT, Quebec
Gerhart PICKERODT, Paris
Hermann PONGS, Gerlingen / Baden-
    Württemberg
Gottfried REINHARDT, Salzburg-Klessheim
Margit RESCH, Salt Lake City / Utah

Franz ROB, Ulm
Rudolf SCHWABE-WINTER, Basel
Max SEE, München
Hilde SPIEL, Wien
Esther STERN, Basel
Fred B. STERN, Wiesbaden
Christa STIEHM, Heidelberg
Joachim W. STORCK, Freiburg i. Br.
Andreas TÖRÖK, Oshkosh / Wisconsin
Algot WERIN, Lund
Eberhard ZWIRNER, Schapdetten /
    Nordrhein-Westfalen

Institute

University of California, General Library, Berkeley / California
University College Library, Dublin
Indiana University Library, Bloomington / Indiana
Paul Klapper Library, Flushing / New York
Georg Lingenbrink, Exportbuchhandlung, Hamburg
Magee University, College Library, Londonderry
Österreichisches Kulturinstitut Warschau
Mary S. Rosenberg, Inc., Booksellers. Publishers. Importers, New York
Institut für deutsche Sprache und Literatur, Universität Salzburg
Swarthmore College, Swarthmore / Pennsylvania
Universitätsbibliothek Gießen
Universitätsbibliothek Heidelberg
Universitätsbibliothek Innsbruck